故事效能

打造高人气人设

LESSONS FROM THE TOP:
HOW SUCCESSFUL LEADERS TELL STORIES TO GET AHEAD – AND STAY THERE

［英］加文·埃斯勒（Gavin Esler）著
钱志慧 译

·北京·

内 容 提 要

本书讲述了如何用讲故事的方式提升个人魅力，并获取他人的支持，是一部解读领导力培养的管理类图书。全书通过丰富的事例，介绍了领导者必须面对的问题以及把故事讲好的要素，从而传达出"人的能力，要通过故事讲出来"这一观点。作者在书中分析了讲故事的各种要领，以及运用这种能力的各项技巧，以期帮助更多的人塑造领导力。

图书在版编目（CIP）数据

故事效能：打造高人气人设 /（英）加文·埃斯勒（Gavin Esler）著；钱志慧译. -- 北京：中国水利水电出版社，2021.9
书名原文：Lessons from the Top
ISBN 978-7-5170-9949-9

Ⅰ.①故… Ⅱ.①加… ②钱… Ⅲ.①管理学 Ⅳ.①C93

中国版本图书馆CIP数据核字(2021)第187408号

Copyright © Gavin Esler, 2012
First published in Great Britain in 2012 by Profile Books Ltd
The moral right of the author has been asserted.

The simplified Chinese translation rights arranged through nurnberg（本书中文简体版权经由安德鲁取得）

北京市版权局著作权合同登记号为：图字01-2021-4657

书　　名	故事效能：打造高人气人设 GUSHI XIAONENG: DAZAO GAORENQI RENSHE
作　　者	[英]加文·埃斯勒（Gavin Esler）著　钱志慧 译
出版发行	中国水利水电出版社 （北京市海淀区玉渊潭南路1号D座　100038） 网址：www.waterpub.com.cn E-mail: sales@waterpub.com.cn 电话：（010）68367658（营销中心）
经　　售	北京科水图书销售中心（零售） 电话：（010）88383994、63202643、68545874 全国各地新华书店和相关出版物销售网点
排　　版	北京水利万物传媒有限公司
印　　刷	朗翔印刷（天津）有限公司
规　　格	146mm×210mm　32开本　7印张　163千字
版　　次	2021年9月第1版　2021年9月第1次印刷
定　　价	52.00元

凡购买我社图书，如有缺页、倒页、脱页的，本社发行部负责调换
版权所有·侵权必究

致读者

  人人都在讲故事，这是我们和亲朋好友沟通的一种方式。我们在申请大学和工作时讲故事，以此给人留下深刻的印象；我们在脸书和推特上讲故事，甚至以此开始寻找伴侣并约会；领袖也在讲故事，他们借此吸引、打动、把控和留住追随者。

  领袖必须具备多种不同技能，但如果缺乏讲故事的能力，他们就不会拥有追随者，也就无从领导别人。这本书主要以我见过的领袖为主角，讲述的正是这种故事的力量，为了打动我们，21世纪的领袖必须要讲各种各样的故事，本书也阐述了这些故事带来的巨大变化。

  我们会了解领导力故事，也就是一名领袖讲述的或是朋友和追随者以他的名义讲述的故事；我们会进一步思考对立故事，也就是对手为了破坏领导者形象而讲述的故事；我们还会研究前故事，在遇见一个人之前，我们都会做出或好或坏的判断，如果一名领袖想要打动我们，通常需要掌握这一点。我们也会学习讲故事的技巧，包括开始时刻——领袖或故事讲述者的"某些事件他们永远记得"，以及德国人所谓的"耳虫"，好比一首不绝于耳的歌曲，尽管很烦人，但就是无法忽视。通过讲述打破预期的故事来吸引我们，正如某些心理学家所言，讲述一些意料之外的事情，让我们用不同的眼光看待他们，无论这些事情是真是假。

我们通过本书将学习讲述领导力故事时可以用哪些词以及要避免哪些词，我们会了解到一些领袖和他们的顾问如何使用比文字更有冲击力的图片来讲述故事，以及如何使用图片刻意进行误导；我们会了解到一名领袖如何塑造故事，从出身到成就，再到领导方式；我们还会了解到为什么要选用真实的故事素材，以及如何甄别素材；我们会搞明白众多领袖为什么以及怎样试图说服我们，他们虽然和我们一样，但比我们优秀，因而能胜任领导的角色。

所有成功的领导力故事都由三个部分组成：首先，领袖必须从个人层面解释"我是谁"；其次，需要从追随者或潜在追随者的角度概述"我们是谁"；最后，领袖提出共同目标——我将领导大家走向何方。一名具有说服力的领袖能让这些故事在我们的脑海里被反复回想，难以忘却。推特、脸书以及其他讲故事工具的管理——我们将始终聚焦于这样的研究，21世纪，媒体的深刻变革已经改变了领袖为打动追随者而讲述的故事，或是他们自认为应该讲述的故事。这已经给我们现有的领袖以及未来的领袖带来了改变。

这本书总结了成功领袖讲故事的经验,并将其提供给那些渴望在职业生涯或个人生活中功成名就的人。即使不想成为领袖,我们也都是某个事物或某个人的追随者,比如理想、哲理、足球队、摇滚明星、政党、某个品牌的电脑、流行时尚等。这本书能让我们了解他们的故事,以及故事的主角。

我们是故事的讲述者,是追随者,在某种意义上来说也是领导者,或者说我们至少渴望成为领导者。随着我们对讲故事的过程越来越了解,我希望你首先会赞同这一点,这本书本身就充满强烈的故事韵味。

加文·埃斯勒

Contents
目 录

第一章　让别人追随的秘密 / 001

第二章　如何讲好领导力故事 / 015

第三章　用文字、图片、行动来讲故事 / 029

第四章　信息失真 / 045

第五章　似是而非的出身 / 059

第六章　创造真实 / 079

第七章　明星时刻 / 093

第八章　推陈出新 / 111

第九章　故事辩论和声誉管理：如何反击对立故事 / 125

第十章　刺猬和狐狸：如何处理丑闻 / 143

第十一章　教训：不该做的事 / 165

第十二章　用故事力实现变革 / 189

后记：时机就是一切 / 205

致谢 / 213

领导者的秘密：16 条经验教训 / 214

第一章　让别人追随的秘密

> 每一位让别人乐于追随的伟大领导者背后都有一个伟大的故事，即使不那么伟大的领导者，也明白必须吸引和打动他们的追随者、客户、选民或其他受众，而最有效的做法就是讲述关于他们自己的故事，比如出身、愿景、信念等。

一名领导者必须具备很多品质，最显而易见的，包括远见、恒心、理想主义、活力、果断、冒险精神、献身精神以及热情。然而，一个具备这些甚至更多品质的人，也可能永远无法成为领导者。所有的领导者都需要追随者，无论其他品质如何，如果没有讲故事的能力，不能明确有力地表达出他们的身份、追随者群体的身份、观点和专业知识的来源以及最重要的胜任领导者角色的原因，那么这种领导者或潜在领导者永远不会有追随者。

尼尔森·曼德拉同样懂得故事的力量，这就是为什么在种族隔离的南非面临牢狱之灾的风险时,他穿着科萨族的传统服装出现在法庭,那意味着的是一个非洲人在代表他的人民迎战白人强权。这也是为什么作为后种族隔离时代的南非总统,曼德拉在出席1995年橄榄球世界杯决赛时穿了一件跳羚衬衫。跳羚一直是白人至上主义的象征,但穿在曼德拉身上,衬衫立刻成为一种新的象征,象征包容、"彩虹国度"以及南非的新型领导者。衬衫和科萨族服装一样,不仅是一件衣物,也是讲故事的一种策略。尽管方法截然不同,但多数成功的领导者都知道,讲故事是他们和追随者交流的桥梁,是成功领导必不可少的纽带。

在周游世界的这些年里,大家总会问我同样的问题:他人怎么样?他们一般不会询问政策和想法,相反,他们想听反映领导者真实性格的故事。

> 成功的沟通者

让我们先从罗纳德·里根总统开始。

人们会打听里根古怪的幽默感,他对工作的轻松态度、对狗的喜爱,或是他如何处理几乎让他丢掉性命的暗杀时间。而我会用故事回答——来自里根的副幕僚长迈克尔·迪弗、经常能见到里根的其他好友和白宫联络人告诉我的故事。迪弗常说

Chapter 01 第一章 让别人追随的秘密

里根的领导力是润物细无声的，尽管公众对他的政策存在争议，里根传达给白宫众人的依然是一种平静的气氛，他还通过电视讲话将这种气氛传达给了美国人民。作为总统，里根会在用完丰盛的早餐后去办公室，时间大约为上午9点。他会投入工作数小时，有时他会在午饭后睡一会儿，然后在下午晚些时候去陪伴妻子南希，留下他的幕僚继续工作。里根不仅爱狗，而且有些宠物狗还是迪弗所谓的未经训练的混种狗。

有一次，大概是上午9点，这位总统和小狗一起轻快地走进办公室时，询问他的高层团队是否有要事发生。当时正逢一场紧急的外交政策危机，总统的高级幕僚们工作了一整夜，既疲累又暴躁。当里根到场的时候，他的顾问们已经花了很多时间用来认真讨论、联系外部事宜并检查军事部署。

小狗开始兴奋地绕着房间奔跑，一名高级助手咬牙切齿地说："总统先生，这条狗总有一天会在您的桌子上撒尿！"好似按了暂停键，总统办公室陷入一阵沉默。

"嗯，别人都这么干。"里根回答。小狗继续撒欢，幕僚则重新开始工作。

不久之后，华盛顿电视台的摄影师——也是我的朋友——计划在白宫拍摄里根的纪实画面。这名摄影师和里根夫妇养了相同品种的查理士王小猎犬，这让他引以为豪。和往常一样，

故事效能

采访形式是冗长的正式会谈，总统因而倍感无聊，有时甚至快要睡着了。采访地点在罗斯福厅，结束的时候里根向电视台工作人员道别，这时，我朋友向他展示了一张女儿抱着宠物猎犬的照片。里根显得非常高兴，但他的助手请他去赴下一个预约，工作人员开始收拾电视拍摄设备。

15分钟后，罗纳德·里根独自走进厅内。"那个和我养了同一种小狗的男人在哪儿？"里根问。我朋友十分惊讶，里根拿出了一张他和自家小狗的合影，并在照片上签名，把它交给了我的朋友，然后那些穿着灰色西装的人把这位最有权力的男人带回到罗斯福厅，那个处理枯燥乏味的公务的岗位上。

我朋友永远记得这一简单的举动，他将这一经历讲给每个认识的人听，他们再讲给他们认识的人听，于是现在我讲给你听。我相信这个故事会铭刻在你的脑海里，就像我一样；而"伊朗门"事件、"星球大战"计划和里根的供给经济学的诸多细节却会渐渐消失。领导者做出的重大决策以及他们的政治主张对我们来说太过复杂，因此我们也懒得去为之烦恼，但民众有时会认为这些政策会造成不和，或者很有争议，里根的政策就是如此，但即使是小孩子也能理解喜爱小狗和善待访问者这样的喜好和行为意味着什么。作为追随者或潜在追随者，相比领导者所做决定的细枝末节，我们往往更关心他们的性格、判断力

第一章 让别人追随的秘密

和气质,任何领域的成功领导者或潜在领导者都明白这一点。

里根和他的团队巧妙地运用这类故事来展现政治优势。他曾经接受一名年轻的外国记者的采访,对方留着精致的胡须,也是我的朋友。采访结束时,我朋友碰巧提到他在回办公室前需要刮胡须,因为他的总编认为留胡须不专业,不允许这样,喜爱故事的里根显然对此兴致勃勃。几周后,我朋友接到了总编的电话,询问他对总统说过什么。总编一直抨击里根政府的右翼倾向和狭隘举动,里根则回应说也许一切都是真的,但至少他允许别人自由地留胡须。

里根无疑是一位优秀的沟通者,是我见过最优秀的领导力故事讲述者,无论是在这些私人场合,还是在白宫公开露面。我猜和许多其他里根的幽默故事一样,狗和胡须的故事让很多美国人将他想成一个正派人士,不管他们对他的政策和政治遗产是何看法。重要的是,里根因此大获成功。这类故事帮助他两次当选总统,并逃过了可能迫使他下台的"伊朗门"事件。

白宫每天都在精心塑造罗纳德·里根的形象。当里根遭到枪击且受伤严重时,我们得知他跟医生开玩笑说希望他们是共和党人,而和妻子提起枪击时则引用了一名美国拳击手的话——亲爱的,我忘了闪避。里根团队反复讲述和美化这些故事,让他的性格和气质看起来像总统的典范,即使我们后来得知他的幕僚私底下认为他注意力不集中，并且衰老得很快。

里根的缺点成了对立故事的内容，也就是对手和政敌用以抨击里根总统的负面故事，里根团队明白他们需要应对这类故事。正如当时和我开玩笑的一名国会议员所言，"总统耳聋，在内阁会议上睡觉，根本不知道发生了什么事，幸亏他不是在治理国家。"值得注意的是，尽管这名国会议员是里根的政治对手，但他承认确实喜欢里根那个家伙。

> 领导力核心的矛盾

多数现代领导者都知道领导力核心存在矛盾，这可以追溯到古希腊的民主初创时期。我们希望领导者能够和我们普通人一样，比如爱狗的里根，在希腊语里被称为"平庸之人"，也就是"凡夫俗子"，但我们也希望他们表现得比我们优秀，这样他们才能享有领导的特权，希腊人称之为"合度的"。

正如约翰·F. 肯尼迪的传记作者罗伯特·达莱克说："现在的美国人在神化总统的同时，也在揭穿他们的面具。"我们希望领导者理解普通人，并将普通人的利益放在心上，但更希望他们摆脱我们普通人的缺点、恶习和脆弱。如美国总统候选人罗斯·佩罗反复告诉我的那样，美国人希望他们的领导者在乘坐

第一章 让别人追随的秘密

飞机时吃糟糕的饭菜、丢失行李,而不是在头等舱或私人飞机里享受。我们想尊敬领导者,但又认为我们在某种程度上和他们平等,而这种矛盾正是领导力故事的用武之地。

纵观历史,领导者和他们的追随者总能理解这些故事和对立故事的力量。它们有时可以被总结成有力的单词、短语或标题。英国"童贞女王"伊丽莎白一世坚称自己嫁给了国家,并将她没有结婚也没有继承人的情况变成了正面的领导力故事。凯瑟琳大帝、查理大帝、征服者威廉(威廉一世以前被称作"杂种威廉",现在显然在重塑他的形象)、"狮心王"理查一世和"苏格兰之锤"爱德华一世都承认,即使是一名能够维护国王神圣权力的君主,也依旧需要某种领导力故事来打动仆人,敌对君主和可能怀有野心的贵族。

近代的统治者也是如此。

意大利前总理西尔维奥·贝卢斯科尼深谙故事之道,他利用亿万财富在意大利选举期间向每个家庭派发了一本讲述他个人故事的小册子,小册子中用夸张的语言解释了"骑士"(贝卢斯科尼的誉称)获得商业成功的非凡历程。1993年,贝卢斯科尼创建了一个新的政党——意大利前进党,他聪明地根据意大利人支持国家足球队的口号命名政党。

玛格丽特·撒切尔反复讲述这样一个领导力故事,她是格兰瑟姆镇一个杂货商的女儿，幸运地被当时的苏联报纸称作"铁娘子"，她立刻将对立故事变成了正面故事。1991年，我首次与比尔·克林顿见面，当时他还是一名州长，时刻不忘将自己描述成"霍普男孩"，热心地想帮我写标题——这些领导力故事远远超出了政治范畴。足球教练何塞·穆里尼奥试图把他的领导力故事塑造成"特别的一个"。另一些人则发现媒体是他们领导力故事的书写者，不论好坏，他们都需要充分利用这一点。

苏格兰皇家银行有着"粉碎机"之称的首席执行官弗雷德·古德温爵士和英国石油公司托尼·海沃德的失败，不仅因为他们在商业上的错误判断，还因为他们未能在充满敌意的媒体环境里讲述好领导力故事并消除对立故事。

其他的商业领导者，比如"奥马哈先知"沃伦·巴菲特、"中子弹"杰克·韦尔奇、瑞安航空的迈克尔·奥莱利、微软的比尔·盖茨、苹果的史蒂夫·乔布斯和维珍集团的理查德·布兰森，他们都具备一种天赋——不但会赚钱，而且能通过讲故事登上头条新闻。他们中的许多人通过撰写自传，或与那些愿意以同情的笔触描写他们的人进行合作，以便塑造领导力故事。遵循比尔·克林顿模式的领导者自传如此之多，卑微的出身、与权威人士的对立、超越常规的选择，最终迎来领导者意志的胜利。我们稍后会进行详细的讨论。

第一章 让别人追随的秘密

真正伟大的商业领导者，个人故事是他们品牌标识不可分割的一部分。维克多·凯恩非常喜欢用雷明顿剃刀，于是他买下了这家公司；理查德·布兰森一直将自己塑造成放肆的反正统边缘人，即便维珍商业帝国的业务从音乐跨越至伏特加，从火车跨越至飞机甚至太空航行，英国女王还封了他一个骑士爵位，电视上呈现的胡须、开领衬衫、玩世不恭的态度，都是布兰森品牌故事的一部分；苹果背后的管理天才史蒂夫·乔布斯同样如此，当他准备推出一款新产品时，这位世界上最富有、最有权势的男人之一打扮得就像穿着牛仔裤、开领T恤和运动鞋的古怪的大学教授，但正如他的传记作者沃尔特·艾萨克森详细披露的那样，乔布斯以关注苹果产品细节一样关注他的生平事迹，尽管他坚持说艾萨克森才是写书的人。艾萨克森据实撰写了传记，但随着乔布斯的离世，他留下的遗产——白手起家的领导力故事无疑可以在传记的开场白里这样写道："2011年8月，就在即将卸任首席执行官之际，他在父母车库里创办的企业成为世界上最具价值的公司。"

> 名人如何讲故事

过去几十年，新媒体的发展使得领导者和名人之间的边界

故事效能

逐渐模糊，这些变化意味着我们可以期待未来出现不同类型的领导者。其中一些人，比如阿诺德·施瓦辛格、西尔维奥·贝卢科斯尼、杰西·文图拉、鲍里斯·约翰逊和罗纳德·里根，他们已经将名气转换成权力；另一些人，比如乔治·索罗斯和艾伦·休格，他们走上了相反的道路；还有一些人，比如萨科奇总统和他的妻子卡拉·布吕尼，他们的婚姻介于两者之间。新技术和新媒体对领导者来说意味着新压力、新机会和新风险。

与此同时，民选政客们已经开始在推特和脸书上讲述关于自身和领导力的新型故事，他们显然希望能和推特上的关注者建立更加亲近的关系，这很普遍。我关注了一名推送英国军队及其行动消息的英国国防部高官、一两位著名的足球运动员、几名报纸编辑和很多政客。这本书里之所以会出现Lady Gaga和安吉丽娜·朱莉这样的名人，是因为我认为她们的成功能为真正的领导者提供经验，如专业人士、媒体顾问等。

有些领导者做得很好，英国首相戴维·卡梅伦试图消除对立故事的破坏性影响，也就是时髦的、富有的伊顿公学校友的形象，超级豪华的牛津餐饮俱乐部布林登的会员，还娶了贵族千金。他的做法是不断提醒我们，他是一个在家里穿牛仔裤、T恤的普通家伙，只是碰巧成了首相和千万富翁。事实上他很多时间都在国民医疗服务医院为生病的儿子求医问药，他和妻

第一章　让别人追随的秘密

子乘坐廉价航空去康沃尔度假，他**最喜欢骑自行车去上班**。戴维·卡梅伦也喜欢在科茨沃尔德的乡间别墅里骑马，但你很难找到首相骑马的照片。想必是因为，就像那张戴维·卡梅伦身着燕尾服、颈系白领带出现在布林登豪华晚宴上的著名照片一样。

戴维·卡梅伦天生就会讲故事，但其他一些人在这方面则无可救药，包括他的前任戈登·布朗。布朗拥有几近失明的个人经历和重要的学术成就，但他从未想过和英国人民拉近距离。和卡梅伦不同，戈登·布朗无法用任何有吸引力的语言说明领导力故事的基础部分——"我是谁"，但21世纪新兴的忏悔文化（我们稍后将详细讨论）要求对这个问题做出回答。

托尼·布莱尔是"二战"后以英语为主国家中伟大的政治传播者之一，也是历史上最成功的工党领袖，曾以压倒性的优势赢得了三次大选。他深谙故事之道，无论你如何看待他的政策和成就。在他的自传《旅程》中，布莱尔对我之前提到的趋势以及他所说的和15年前或20年前相比，现代政治的步调和媒体监督的介入形成了一个完全不同的规则——无论对错与否进行了反思。

我们大家都会受到这种媒体介入以及讲故事时寻求真实和亲密关系的影响。全世界超过5亿人在脸书上讲述自己的故事，有数百万人尝试在其他社交媒体上进行交流。随着奥巴马总统和卡梅伦首相开始使用推特和他们的追随者保持联系，我们都能从这些沟通大师身上学习如何表达自己、如何讲故事以及如何避免严重的错误。

> 领导力故事意味着掌控

讲故事就像唱歌，是我们都具备的一种能力，但也是我们要学习做到更好的一种技能。如果你是一名想要晋升的银行副经理或是一名想要申请好工作和好大学的学生，那么你可以学习大师的经验并应用到实际生活中去。我们会因为史蒂夫·乔布斯很酷的极客风格的打扮而信任苹果吗？我们会因为理查德·布兰森在商业上敢于冒险同时还敢乘着热气球环游世界而信任维珍产品吗？我们会因为谦虚、善待陌生人和爱狗而信任罗纳德·里根吗？我们如何理解他们的故事的潜在含义？我们如何解读日益复杂、无孔不入的媒体，在对立故事中筛选负面信息以弄清楚讲给我们的这些故事背后真正隐藏的内容？

失败的领导者同样清楚故事的力量，当这些失败的领导者意识到他们的统治生涯即将结束时，他们会反复自夸一生的传奇故事——那些为感恩的人民和热爱的国家牺牲和奉献的岁月。

卸任后，21世纪的各类领导者，不论文化和背景，都懂得

第一章 让别人追随的秘密

领导力故事的本质就是一件事——掌控。

领导力小结：

领导者具备很多品质，但如果不会讲故事就无法和追随者沟通，他们的领导就有可能会失败。领导者沟通的方式在21世纪发生了巨大的变化，他们讲述的故事也随之改变。我们都在讲故事，即使我们并不想当什么领导。我们所有人都能从这些最会讲故事的人身上吸取教训。

追随力小结：

我们都是某物或某人的追随者，我们需要了解如何构思用来打动我们的故事，作为追随者，我们需要变得更善于发现这些故事是否存在误导，好让我们不再被愚弄。我们必须记住的是，对很多领导者来说，真相通常不及真实重要，至少是看起来真实的。

Chapter 02　第二章　如何讲好领导力故事

领导者需要故事，他们总有故事可讲并希望永远如此，他们用同时代最先进的技术讲故事。亚伯拉罕·林肯参与公开辩论；富兰克林·D. 罗斯福使用广播；巴拉克·奥巴马现身奥普拉的脱口秀。但过去30年发生了深刻的变化，不仅体现在领导者和我们都可以使用的媒体技术方面，而且体现在领导者为了抓住我们的注意力认为必须要讲述的故事类型以及他们努力把控故事传播的新方法方面。要理解21世纪媒体环境的新变化，我们首先要理解在讲故事和听故事的需求中没有改变的是什么，以及它们如何"植入"我们的大脑。以下就是讲述一个领导力故事的秘密。

几千年来，领导者一直用故事维护、巩固和扩展他们的权力，证明他们所谓的智慧以及确保他们在追随者中的声誉。尽

故事效能

管最好的故事通常十分有趣，但领导力故事不是为了娱乐创造的，它们是为控制而生的。多数领导者都知道，听一听关于世界各地的新闻报道，你会发现在早期阶段他们总会设法抢占电视台和电台。领导者了解故事的重要性，同样，这种方式在西方也适合企业的领导者。

几个世纪以来，故事讲述者的秘密武器就是创造一个你不会忘记的故事，正如成功的音乐家会写一首旋律强大得让你记忆深刻的流行歌曲，德国人称为"Ohrwurm"，字面意思就是"耳虫"。无论你是否喜欢，在进入你的大脑之前，它都不会停止。成功领导者致力于创造"耳虫"，或雇用他人为他们这么做，他们花费大量时间思考如何传播他们的领导力故事，以及推翻对他们不利的对立故事。

沟通专家是过去30年里发展最快的职业之一，公关公司、宣传人员、演讲者、广告人、战略家，还有"政治化妆师"。领导者总能从顾问或助手那里寻求帮助来讲故事，古希腊和古罗马的统治者雇用吟游诗人作为故事讲述者来赞美他们所谓的功绩。难怪在论及"耳虫"的创造时，那些对21世纪里领导者的沟通方式感兴趣的人会选择流行歌曲创作者作为教育典范。

2011年，安特卫普商学院的两名学者杰米·安德森、耶格·拉科汉卫奇和欧洲管理技术大学的马丁·库普共同出版了

第二章 如何讲好领导力故事

名为《Lady Gaga：生来如此？》的学术报告。他们认为Lady Gaga是真正通过互联网和社交媒体成就个人事业的首批流行巨星之一，她在2011年大约赚了1亿美元，并且拥有一种作者称为领导力投射的特质。据说Lady Gaga讲述的三个故事在本质上近似于所有伟大领导者讲述的故事，我们接下来会详细讨论这一点。

我是谁？我们是谁？我们的共同目标是什么？

首先，第一章里已经提过，领导者要以个人的故事回答"我是谁"的问题。Lady Gaga不断告诉我们，尽管富有创造力和进取心，但她仍是大家眼里的怪学生，她把自己描述成"怪胎""特立独行者""在找寻同伴的迷失灵魂"。

其次，领导者的故事还涉及一种解释"我们是谁"的群体论述。在Lady Gaga看来，"我们"都是局外人。她把她的粉丝称为"我的小怪兽"，而她则是在脸书和推特上和子女保持联系的"怪兽妈妈"。

最后，领导者要提出一个共同使命，用以回答"我们将去往何处"或"我们的共同目标是什么"的问题。Lady Gaga告诉她的追随者，他们可以一起改变世界，比如她会积极宣传有关同性恋权利的正面信息，这种领导力投射就是我们大多数人所说的会讲故事。

故事效能

这本书里提及的每一位成功领导者都遵循了 Lady Gaga 讲述这三个通用故事的技巧——他们自己、他们想要领导的群体以及在他们领导之下的未来。这些故事的真假往往意味着信仰问题,而非论证问题。

中国的皇帝称自己为"天子",以色列的国王也通过讲故事来证明他们是上帝的子民选出的领导者,证明他们得到了上帝的认可。这是自古以来的一种惯用做法。希腊人和罗马人在神话、戏剧和诗歌里讲述的故事不仅将他们的领导者和众神相连,而且还分享了他们各自在人间的经历。对罗马人来说,一座由母狼哺乳长大的双胞胎兄弟罗穆路和勒莫共同建立的城市要比一座在台伯河沿岸富饶港口发展起来的规划性城市更令他们着迷和团结。正如此后的罗马统治者所言,我是谁?我是罗马公民;我们是谁?罗穆路和勒莫的子孙;我们的共同目标是什么?征服和统治已知的世界。

自从有文字记录的历史以来,由领导者讲述的有关自己和人民的故事和由人民讲述的有关领导者和自己的故事一直是古今中外各种文化的核心所在。也许史前也是一样,山顶洞人无疑讲述了英勇狩猎的故事,他们在拉斯科洞穴里描绘了它们。我们可以确定,史前故事的讲述远远超越了单纯的事实,上升

第二章　如何讲好领导力故事

成了一种夸耀自我的传奇，这使得成功的猎手有理由领导整个部落，并娶到最多的妻子。

伟大的作家菲利普·普尔曼赞成这样的观点，人类之所以创造语言，是为了可以互相讲故事。而当今好莱坞最具影响的人物之一、编剧和创意写作教师罗伯特·麦基在《故事》一书中的看法却略有不同。他认为故事不仅是最多产的艺术形式，而且囊括了我们在清醒期间的所有活动——工作、娱乐、用餐、锻炼，我们睡觉时也在讲故事和听故事，即使那时我们是在做梦。随着故事艺术对秩序建立和人类生活洞察的追求，它已经成为人类最主要的灵感来源，我们对故事的爱好反映了人类对掌握生活模式的深层需要——不只是心智的运用，还有非常私人化的情感体验。

麦基还指出了好莱坞历史上讲故事的某种技巧，假设要在讲述得非常精彩的琐碎题材和讲述得十分糟糕的深刻题材之间进行选择，听众永远会选择前者。会讲故事的大师知道怎样从细枝末节中表现生活，不会讲故事的人则会将深奥变成平庸。也许你拥有非凡的洞察力，但如果不会讲故事，你就无法将想法传播出去。深刻的洞察力和讲故事的能力，是伟大领导者普遍具备的一种品质。

> **我是谁**

尤里乌斯·恺撒是历史上最有效、最无情的"我是谁"故事控制者之一。他非常担忧历史会对他的功绩做出何种评价，因而以第三人称在《高卢战记》里撰写了自己的事迹，就好像他在客观地评价别人的职业生涯似的。他对自己在其中发挥关键作用的近期事件做出了历史性的判断。毫不意外，作家兼评论家尤里乌斯·恺撒认为尤里乌斯·恺撒是一名优秀的战士。同样不意外的是，恺撒省略了很多对手散布的对立故事——他在统治罗马期间积累了大量的个人财富，他所谓的英雄事迹背后潜藏的是为了夺权而谋求民众支持的暴君的野心。

温斯顿·丘吉尔还不至于以第三人称来描述自己，但没有一名领导者像丘吉尔这样如此广泛地记录自己的成功并掩盖自己的错误。丘吉尔在他的著作中不断塑造自己的领导力故事，他往往会略过不谈他对印度独立的看法、他在1945年那场大选中惨败（未能和选民建立联系）的缘由、加利波利战役的溃败以及他那一贯（但错误的）信念——构成欧洲解放软肋的是地中海而不是诺曼底海滩。丘吉尔认真排练演讲、塑造形象，确保他的"我是谁"版本能压倒更具批判性的对立故事。

丘吉尔的外孙尼古拉斯·索姆斯曾经问他："外公，你是世

Chapter 02　第二章　如何讲好领导力故事

界上最伟大的人吗？"

"是的，"丘吉尔说，"现在你给我滚一边去！"这是一个我们不会忘记的故事，也是丘吉尔在自己的作品中对自己做出的一个不那么简洁的评价。

很多现代领导者都追随着丘吉尔和恺撒的步伐，认为掌控领导力故事的一个最佳方式就是由自己撰写。书店堆满浮夸的回忆录，领导者们纷纷为各自的决策辩护并反驳对立故事，间或声明一下他们是被忽略的天才。用爱尔兰橄榄球队队长威利·约翰·麦克布莱德的话来说，就是一些领导者成功占据了主动地位，他们使用的方法就是在大获成功前出版自传、在对自己感兴趣的新闻媒体前确立形象。但就像剧作家简·阿努伊说过的一样，虚构赋予生活以形式，或者更准确地说，故事赋予生活以意义。

现代国家中，几乎不存在没有"我是谁"传记故事的政治领导者、商业巨头和文化领导者。理查德·布兰森的自传《维珍帝国》将他的个人故事同他的商业领导和品牌名称紧密结合起来，隐含着世界最精明的金融精英之一曾经也是天真的商业处子之意。

安德烈·阿加西、迈克尔·乔丹和大卫·贝克汉姆这样的顶级体育明星并非传统意义上的领导者，但他们是如此富裕并具有影响力，几乎总是以自身"品牌"的首席执行官形象出现。阿加西、乔丹、贝克汉姆和无数其他的运动员都出版了塑造及把控人生故事的自传，书中的每一页都充分展示了在他们看来似乎能揭示"真实"性格的奇闻轶事。甚至连英国的"波霸乔丹"凯蒂·普莱斯也把她的"我是谁"故事变成了商品，以塞缪尔·佩皮斯般不屈不挠的热情记录着她自己的生活，前提是撤去她的文学天赋不谈。她显然离领导者还很遥远，但她那庸俗的成功表明罗伯特·麦基提出的故事重要性观点是正确的，在21世纪，动听的琐事总是比枯燥、有深度的故事更让人痴迷，凯蒂·普莱斯的成功证明了这一点。假如凯蒂·普莱斯都能在30岁时出版一系列推销自己的畅销自传书，那么一名真正的领导者在我们的追星文化中又会有什么机会呢？对于那些也许拥有天赋但发现很难讲述"我是谁"故事的人来说又会有什么危险呢？

＞ 感同身受

与上述例子不同，曼联教练亚历克斯·弗格森爵士是一名真正的领导者，他是世界最具竞争力的英超联赛中最成功的教练，而弗格森如此成功的原因之一就是他严格管理自己的领导

Chapter 02 第二章 如何讲好领导力故事

力故事。他这样讲述自己的故事：一名来自格拉斯哥戈万造船区工薪阶层的男孩，求胜心切，意志坚强，白手起家。据说，他激励队员时会冲着队员的脸大吼，让人感觉好似电吹风吹过。

即使那些世袭国王宝座的领导者也会花时间在自传里讲述"我是谁"的故事。例如约旦国王阿卜杜拉二世，我采访的时候曾深深被他的谦逊所打动。阿卜杜拉二世反复强调他不喜欢当领导者，更喜欢平民生活，但无法抗拒他的命运和责任。在自传里，他用童年、朋友、军旅生涯，甚至是恋爱结婚的细节，揭开了君主的神秘面纱。

他和王后拉尼亚结婚后到美国度蜜月，他在《我们的最后良机》里写道："我们购买了美国航空公司一个月内可以无限制乘坐经济舱的航班服务，有时他们得知我们是来度蜜月的新婚夫妇，办理登机的工作人员会将我们升级成商务舱乘客。"

请注意阿卜杜拉讲故事的能力。在他对事件的描述中，工作人员将他升级成商务舱乘客不是因为他是未来的约旦国王，而是因为他和拉尼亚是新婚夫妻。阿卜杜拉国王就像我们一样，他很高兴以经济舱的费用获得商务舱的服务。他当然不是普通人，他是约旦国王，但如果故事将他的国王特权和我们的生活联系起来，那么就起到作用了。

阿卜杜拉很好地阐述了他的家庭所面临的危险，将王室特权变成了牺牲和威胁。"我母亲（在约旦）只要出门，就会在副驾驶座上放一把卡拉什尼科夫冲锋枪，在杂物箱里放一把柯尔特左轮手枪。"稍后他详细叙述了军事训练的艰苦，包括在英国一名军事教官手下的训练，"阿卜杜拉先生，我一直想告诉你，你总会陷入麻烦，只是程度不同。"英国教官对未来的国王这样说道。

领导者，即使那些注定要继承王位的领导者通常也觉得有必要讲述他们如何依靠家庭后盾、价值观念和强烈个性克服复杂的童年和青春期困境的故事。巴拉克·奥巴马抢先在自传里讲述了他如何应对父亲缺席、非常规教养和毒品诱惑造成的问题；比尔·克林顿的父亲在他出生前就去世了，继父是个酒鬼，同母异父的弟弟问题重重。这些故事意味着奥巴马和克林顿过去"我是谁"的困境能让他们对普通民众的问题感同身受，从而更好地进行领导。

尼尔森·曼德拉在《漫漫自由路》中叙述的"我是谁"励志故事的魅力正是基于这种同理心。曼德拉详细叙述了他在农村的缘由，他反复告诉我们，他多么不称职、不熟练，多么害羞而无法和女孩交流，在社交场合多么尴尬，在政治上和组成非洲国民大会武装派别的过程中多么缺乏经验。他给我们留下的印象是谦虚、可爱和意志坚定，他的笨拙非常巧妙。敌对评论家口中的曼德拉故事则不同，他们更关注他家庭生活的失

第二章 如何讲好领导力故事

败、有关他前妻温妮极其令人不安的内情以及他在非洲国民大会联系的一些不太受欢迎的角色。然而，曼德拉领先了一步。

> 创作"故事事件"的题材

罗伯特·麦基在他的剧本创作指南中，给出了所有这些从摩西到曼德拉时代以来"我是谁"领导力故事的关键，麦基将他称为"在角色生活中创造有意义的改变"的内容当成写作"故事事件"的题材。一切都是通过"冲突"实现，即角色（领导者）从积极到消极或从消极到积极的变化。

例如，假设你认为戴维·卡梅伦是布林登俱乐部里的一名纨绔子弟，是一名年轻而不负责任的花花公子，因为高官亲属的一个电话才得以在保守党总部工作，那么显然这些镀金的青春岁月没能让他可以应对"冲突"——长子伊万的健康问题以及最终的死亡。按照麦基的观点，卡梅伦的"我是谁"的故事从积极走向了消极，之后随着萨曼莎·卡梅伦又怀孕的消息再次回归积极；至于乔治·沃克·布什总统通过冲突实现的"故事事件"，则是他由于信奉基督教而决定戒酒的举动；奥巴马和克林顿的故事相对传统，讲述的是源自悲惨童年的冲突。

而身为外来者，德国总理安吉拉·默克尔讲述的则是一个冲突不断的故事。默克尔是德国北部一名路德教牧师的女儿，但如今却在巴伐利亚州和德国南部的强力支持下领导着主要受罗马天主教影响的群体。她生活在共产主义之下，如今却领导着欧洲最成功的资本主义国家。她出身于民主德国，但领导之下的国家的政治、经济实力却根植于西方。她的国家以前只有男性领导者，其中有些非常大男子主义；她是一名科学家，受到的政治培训往往倾向于艺术或社会科学方面。作为一个通过冲突实现的故事，默克尔的叙述在每一个层面上都符合麦基的"故事事件"原则，但为了适应现代德国的变化，这样的"冲突"非常低调。默克尔将呆头呆脑、坚持不懈和相貌平平当作自己的优势，这些特质反映在她的昵称——"妈妈"之中（对很多德国人来说，这也成了一个"耳虫"）。

> ### 情感承诺的风险

那么，回顾一下他们是如何做到的？这些重要领导者是如何创造一个令人难忘的故事——"耳虫"，并在面对批评和对立故事时把控它的？领导者们遵循着学术研究人员所描述的Lady Gaga的路线。他们和我们在向陌生人、潜在雇主、约会对象、大学招生导师等自我介绍时做的一样，回答"我是谁"，并希望

第二章 如何讲好领导力故事

用能让我们赞赏的语言组织答案。

有些人的做法会更加个性化，按照研究者的说法，Lady Gaga拥有通过讲述故事建立情感承诺的能力，他们声称这种技巧有助于鉴别未来的商业领导者。但讲述一个高度个性化的"我是谁"的故事存在极大的风险，因为它同样可能会受到一个高度个性化的对立故事的抨击，我们会在之后的章节里探讨这一点。现在，让我们先从这些能创造出打动我们所有人的"耳虫"的讲故事大师身上吸取一些教训。

领导力小结：

领导者希望他们讲述的故事能像挥之不去的"耳虫"一样，所以，他们通常会从出身和性格着手回答"我是谁"的问题，这是他们的故事里最容易自我把控的部分。

追随力小结：

领导者讲述的故事并非事实，它们不是偶然形成的，而是为了吸引我们的注意力刻意创造的。即使是尼尔森·曼德拉和温斯顿·丘吉尔这样令人钦佩的伟大的领导者，也会突出他们希望我们听到的内容而掩盖对他们不利的内容，我们也是如此。

03 第三章　用文字、图片、行动来讲故事

倾向性报道像罪恶一样如影随形,"政治化妆师"也是如此,虽然是新名称,但该角色的历史和领导者自身一样古老。我们知道,领导者一直试图把控他们讲述的关于自己的故事和别人如何讲述关于他们的故事,他们经常为此向追随者寻求帮助。有些追随者,比如圣保罗,塑造的领导者故事可以达到代表领导者本身的地步。当今,为领导者塑造故事已经成为一种职业,这些付费顾问可能有各种自称,公关顾问、传播总监、营销经理,或是含有贬义的政治化妆师。他们是24小时提供服务的公关人员,他们了解或声称了解如何获得正面新闻报道和预防负面新闻报道,以及如何确保领导者讲述的故事发挥最大的影响力(因为他们擅长编造对自己有利的故事)。这一章的主角是三位近代史上最有影响力的讲故事专家,纽特·金里奇、迈克

> 尔·迪弗和阿拉斯泰尔·坎贝尔，我选择他们是因为我们能从他们身上学到很多经验。

现在你很难不用轻蔑嘲讽的语气说"倾向性报道"这个词，政治化妆师专门负责讲述或润色意图影响我们的思考方式和行为方式的故事，显然，倾向性报道在政治意义上等同于真实性或可靠性的缺乏。政治化妆师的说法和"政治化妆师之父"爱德华·伯内斯一起崛起于20世纪80年代，而《纽约时报》是最早进行倾向性报道的出版物之一。

1984年10月，《纽约时报》报道了罗纳德·里根和对手沃尔特·蒙代尔之间的总统辩论。十几个西装革履的男人和身穿丝绸的女人在记者当中滔滔不绝地传播极具说服力的观点，他们不只是试图在例行发布会上导入有利倾向性报道的新闻传播员，还是"政治化妆师"，也是总统候选人的高级顾问。

这些顾问无疑是在编故事，即讲述有利于他们的领导者的故事，这一过程在本质上并没有错。一些最具影响力、最受尊敬的世界领导者的一部分声誉应该归功于那些为了支持各自的领导者而刻意用故事来制造舆论、转换观念和改变行为的追随者。

虽然现今倾向性报道被认为是黑暗艺术，但领导者或他的追随者试图通过领导力故事进行沟通、解释和推断，以及强调

第三章　用文字、图片、行动来讲故事

故事的某个特定部分并尽可能采用最有效实施方式的做法，在本质上并没有错，错的是欺骗或故意误导。我们将再次发现，过去几十年的形势发生了多么深刻的变化。

> 倾向性信息时代

领导者和我们都能从纽特·金里奇、阿拉斯泰尔·坎贝尔和迈克尔·迪弗身上学会如何构建一个有效的领导力故事，如何巧妙地回答"我是谁""我们是谁"和"我们的共同目标是什么"。他们清楚地展示了我们该怎样充分利用已有的条件，该怎样掩盖自身的弱点和利用对手的弱点，他们同样还展示了我们该怎样通过领导力故事带来改变和获得支持。我们先从金里奇开始，因为他在我们应该如何使用文字方面特别富有洞察力。

2011年开始竞选美国总统时，纽特·金里奇以独一无二的方式回答了"我是谁"的问题，"上帝想让我成为一头熊，而不是一只小羚羊"，这句话展现了金里奇讲故事的天赋，他告诉敬畏上帝的美国人他也信奉基督教，并将自己描述为动作缓慢、不露声色但强壮有力的熊而非敏捷灵活的小羚羊，这是金里奇的一个暗含动物隐喻的关于"耳虫"的经典故事。

金里奇原名纽顿·里洛伊·麦克弗森，1943年出生于宾夕

法尼亚州的哈里斯堡，因母亲再婚而改名。他是《美利坚契约》的主要缔造者，当年共和党凭借这份杰出的政治推销纲领在选举中赢得了压倒性的胜利。《美利坚契约》以"议员纽特·金里奇、迪克·阿姆尼和共和党人改变国家的大胆计划"为副标题，热情地谈论了一项"有意义的变革工作"和"一个常识性的议程"。无论你想成为国家领导者、撰写工作申请、准备销售或计划一场打动老板的演讲，都能从这份契约实例中学习到词汇意义的使用，它也表明了解政治战略家口中的"狗哨"政治是多么重要，某些词语的使用好像狗哨一样，几乎立即就能引起反应。

金里奇在讲述有利于自己的故事时经常使用大胆的、有意义的、使命和改变这4个褒义词来回答"我们是谁"，虽然这些词语的实际含义可以有不同的解释。《美利坚契约》紧接着开始论述"我们的共同目标是什么"，它强调"个体自由—经济机会—有限政府—个人责任—国内外安全"，谁能反驳这种十全十美的共同目标呢？每一个词语都是正面的、无异议的和模糊的，金里奇懂得这些词语具备的力量。

1996年，共和党政治行动委员会主席和主要智囊金里奇及其同事私下向共和党人分发了一份谈及"语言是控制机制的关键"的文件。金里奇知道控制是重点，如果他能控制人们在

Chapter 03 第三章 用文字、图片、行动来讲故事

描述领导者、政党或共同目标时使用的词语，那么就能控制他的领导力故事，也能控制政治争论。金里奇的文件列出了两组词语，他在附言中表示这些词语"经过了我们最近对语言概念进行实际测试的一系列小组讨论，以下是第一组词语的节选——能为你的信息增添力度的积极乐观的支配性词语：

坦率、关心、挑战、改变、儿童、勇气、争论、梦想、环境、家庭、努力工作、遗产、自由、机会、和平、骄傲、改革、分享、坚强、我们……

假如读过我在第五章里提到的美国领导者的传记，你会注意到这些乐观、积极、支配性的词语或类似的词语出现了很多次。这样的词语具有很强的价值属性，这意味着它们适用于任何文化背景下的任何政治意识形态，因为它们就像镜子，可以从中看见我们想看的东西。它们经常出现在英国政客的口中和译文中，以及安吉拉·默克尔、西尔维奥·贝卢斯科尼、弗拉基米尔·普京、尼古拉斯·萨科齐、菲德尔·卡斯特罗的演讲中。假如你从戴维·卡梅伦、托尼·布莱尔或大多数政治商业领导者的演讲中删除这20个左右的词语，基本上就不剩什么了。

金里奇没有告诉共和党候选人他们该如何确定提倡何种政策或对它们进行解释。他只是提供了词语，将共和党的思想描述为坚定的或勇敢的，同时将民主党追求的政策描述为堕落的

或浪费的,这是一个适用于各种用途的讲故事工具包。因此,托尼·布莱尔曾说记者和选民对政策不感兴趣,因为很多政治领导者使用的"金里奇词汇"适合一切政策、情况、政党、文化。

领导力就是使用你所选择的词汇塑造并讲述关于梦想、努力、骄傲的自身故事和关于危机、失败、卖国贼的对手故事的能力。选择词汇也就是选择战场,就像足球队在主场球迷面前比赛一样,这是一种最大化控制的方式。但有一个问题就是,选民们对胡乱使用价值性词语的政客越来越怀疑,1994年对金里奇有用的倾向性词汇在21世纪正丧失效力。

> 我是希望,你是恐惧

2010年英国大选期间,保守党暗示英国人在希望(保守党)和恐惧(工党)之间做出选择。这简单有效地运用了工党领袖托尼·布莱尔13年前的类似表达,1997年,布莱尔宣称工党代表希望,托利党象征恐惧。2011年5月英国就是否改变选举制度举行公投,工党新领导者埃德·米利班德老话重提,再次表示选民应该在希望(以米利班德为代表的想要改变选举制度的工党)和恐惧(想要保留旧制度的保守党)之间做出选择。

"狗哨"响个不停,这无疑让人十分恼火,特别是如果选民

第三章 用文字、图片、行动来讲故事

无法理解为何旧选举制度会莫名地与恐惧联系在一起而复杂的新选举制度却代表希望的话。公众一旦开始怀疑政客是在滥用这种情绪化的词汇，失败就会降临，这就好比曾经效力强大的抗生素由于使用太过频繁而失效一样。

在好莱坞电影里，角色言行之间的差距被称作戏剧性反讽，在领导力故事中，它被叫作虚伪，也被嘲讽为政坛的惯常现象。

不过，金里奇总结的表达技巧对讲故事至关重要。领导者在描述自己、政党或国家时所使用的词汇是他的领导核心，但如果选民认为政客仅仅是在嘴上说说那些由专题小组或聪明的修辞学家创造出来的词语，他们就会奋起反抗虚伪和操纵。早在1984年，金里奇就在《机会之窗》里写道："总体上，公众并不愚蠢，但他们通常很无知。他们用无知容忍无知的新闻记者，新闻记者用无知容忍无知的政客。结果就是，无知的政客发表无知的演讲，无知的记者进行报道，然后通过电视里的40秒新闻片段展现给无知的观众。"

金里奇的分析向来一针见血，但由于言行不一的缘故，他将分析转变成一个成功领导力故事的能力总是令人怀疑。在2012年那场注定失败的总统竞选里，他试图领导共和党致力于树立良好的家庭价值观，可他自己却结过三次婚而且承认有过不忠行为。当原本无知的观众突然看穿修辞学家的把戏并发觉

他的虚伪时，无知就会迅速变成愤怒。

第二位政治化妆大师是阿拉斯泰尔·坎贝尔，作为见证了英国工党历史上选举最成功的"新工党"的重要组成部分，坎贝尔既是战略大师也是沟通大师，还是一名极端化的人物。每次我采访他都会收到投诉邮件，投诉者说我们不该允许坎贝尔出现在电视上，因为他见利忘义又善于操纵人心。作为工党的联络官，坎贝尔深受托尼·布莱尔的信任，他可以本能地发现我在这本书里提到的经验教训，也立刻就能明白"金里奇词汇"的有用性以及资深政客与明显的操纵联系在一起的危险性。

坎贝尔被誉为"新工党，新英国"口号的发明者，他试图以此确保"新工党"和"变革"两个词在公众意识中的紧密联系，这对用以讲述领导力故事的词汇来说至关重要，我们会在第八章详细探讨。托尼·布莱尔表示坎贝尔对他影响深远，他在忠于并支持自己的同时，还能批评并质疑布莱尔的判断，让首相仔细考虑自己将要做出的决定。坎贝尔在布莱尔领导力故事中发挥的作用与20世纪30年代和40年代期间富兰克林·罗斯福的助手哈里·霍普金斯类似。富兰克林·罗斯福曾说霍普金斯的重要之处在于他从未想过将谋求荣誉或优待，以及私人利益凌驾于服务国家和领导者之上。坎贝尔也一样，他原本可以成为国会议员或上议院议员，但他没有。

第三章 用文字、图片、行动来讲故事

坎贝尔的对立故事充斥着恃强凌弱和冷酷无情的意味,人们普遍认为他是彼得·卡帕尔迪在阿曼多·拉努齐的电视剧《幕后危机》和剧情电影《智囊团》中扮演的难缠的苏格兰政治化妆师马尔科姆·塔克的原型。然而,无论有些人如何憎恶他,阿拉斯泰尔·坎贝尔仍是"二战"以来英国政坛最伟大、最成功的政治传播者之一。

> 黄金法则:目标、战略、战术

我第一次见到坎贝尔是在20世纪90年代早期,当时他在支持工党的《每日镜报》担任政治编辑,此后我经常在各种正式或不正式的场合遇见他。几年前我参加过一次国家健康服务领导人会议,会上坎贝尔用人人——从护士、医生到大学申请人、银行经理助理、军事指挥官,甚至首相——都能理解的语言表明,重大的领导行为包含目标、战略和战术三个部分,成功的领导意味着要正确为这三个部分排序,并弄明白它们之间的关系。

坎贝尔关于目标—战略—战术的分析和我的观点完全相同,首先确定"什么是我们的共同目标"(目标),然后塑造符合目标的"我们是谁"(战略)部分,最后形成符合总体计划的"我是谁"(战术)系列故事。你也可以在军事教科书——公元前6

世纪孙武的《孙子兵法》和19世纪早期卡尔·冯·克劳塞维茨的《战争论》，或者管理教科书和杰出商业领导者的领导力故事中，发现目标—战略—战术观点的变体。

伦敦商学院的约翰·凯奇在2010年出版的《倾斜》中研究了人们为获得成功而采用的迂回方法。他叙述了这样一个故事：一名大教堂的参观者询问三个石匠在干什么，一个石匠说他在切割石头好让它成形，这个人是你的战术伙伴；第二个石匠说他在建造一座伟大的教堂，他具备宏大的战略性眼光；第三个石匠说是在为上帝的荣耀工作，他才认识到了真正的目标。无疑，第三个石匠才是领导者。虽能切割石头，但不符合教堂总体设计的石匠毫无用处；虽能设计教堂，但没意识到它代表上帝荣耀的建筑师同样没抓住重点。

领导者的工作就是让每个人理解他们各自的角色，通过讲述故事让团队中的每个人都知道自己适合什么，以及真正的目标应该是什么。坎贝尔做到了，他和新工党也因此获得了成功。

> **用图片说话**

假使金里奇教会了我们词汇的重要性，坎贝尔在优先顺序方面给我们提供了经验，那么迈克尔·迪弗可以说已经清楚地

第三章 用文字、图片、行动来讲故事

告诉我们图片比文字更具力量。作为罗纳德·里根在白宫的副幕僚长,他承担着管理里根形象的特殊使命,他既要管理里根的词汇表,又要避免我们在纽特·金里奇身上看过的明显操纵,同时要保持客观,从战略和战术的观点出发,冷静地塑造里根的领导力故事。

汤姆·福利是一名美籍爱尔兰人,他认为里根的魅力使得他堪称政治天才,很多对手都喜欢他。迈克尔·迪弗将里根的魅力当作政治武器,组建了一支前所未有的最佳沟通团队。

佩吉·努南是团队里的重要人物之一,她起初为电台写文章,之后为哥伦比亚广播公司也是美国重要的电视新闻节目主持人之一的丹·拉瑟撰稿,事实证明,她转而为美国总统撰写的演讲稿精彩至极。尽管里根缺点很多,但迪弗总是确保他保持总统范儿——看上去平静,听起来镇定,尤其是在陷入大麻烦的时候。

"挑战者"号航天飞机爆炸后,努南为里根撰写的演讲是20世纪最感人的演讲之一。努南在《我在革命中看到了什么》中解释了系统的运作。他们的目标是确保里根在每个场合都仿佛代表美国本身,乐观、开朗、坚决。这就好像里根的一个口号——黎明长存美国。这意味着成千上万讨厌里根政策的美国人以及和里根在"我们的共同目标"方面存在深刻分歧的人在

个人层面上竟然尊敬甚至喜欢里根，就像奥尼尔议长、福利和很多其他人一样。你不仅选择了总统，还选择了幕僚团队。

欣克利刺杀案后，白宫工作人员设法确保美国人得知并爱上这个带有传奇色彩的故事，即里根在重伤时和急诊室医生开玩笑说的那句"希望他们都是共和党人"。而里根告诉妻子南希的"亲爱的，我忘了闪避"（拳击手杰克·邓普西被吉尼·滕尼打败后对他妻子说过的一句话）也成了华盛顿民间传说的一部分。据说里根之后还对医务人员开玩笑说："总之，我宁愿待在费城（演员W. C. 菲尔茨在面临死亡时说的话）。"

这些话无论是否真的出自他之口，都很快变成里根传奇的一部分，并在未来几年内维持住了那个领导力故事。他忠诚的幕僚团队竭尽全力地保护他免受记者的密切关注，唯恐他的弱点遭遇无情地揭露。电视记者萨姆·唐纳森成了里根时代的吹号者，大声叫喊那些罗纳德·里根没听见或假装没听见的问题，但弱点并没有毁掉里根，反而增加了他的魅力。

当他1984年谋求连任，迎战民主党人沃尔特·蒙代尔时，蒙代尔阵营试图利用"里根太老而无法胜任总统"的对立故事。迈克尔·迪弗领导的里根团队明白，这个对立故事比任何政策差异都更具破坏性，"里根太老"是一个必须被消灭的"耳虫"。

1984年和蒙代尔的总统辩论，里根只用两句精心排演的话

第三章 用文字、图片、行动来讲故事

就把它摧毁了,"我也想让你们知道,我不会把年龄作为这次竞选的主题。我不打算为了政治目的去利用对手的年轻和缺乏经验"。听众笑了,甚至蒙代尔也笑了。"耳虫"消失了,里根以压倒性的优势赢得选举,迪弗笑到了最后。

> ### 多维度讲一个故事

里根连任后,我见到了许多他的团队成员,他们不停地争论里根的演讲内容。迈克尔·迪弗是这一切的关键人物,他的工作有赖于了解里根讲述故事的能力。决策者们在为文字争吵,因为这些会影响他们各自部门的利益,迪弗却将目光聚焦在图片的力量上,美国资深记者莱斯利·斯特尔说明了这一点。

莱斯利·斯特尔在她的自传《记者生涯》中提到,1984年她使用了里根总统参观养老院和残疾儿童特殊奥运会时拍摄的照片,这些照片展现了他典型的亲民形象。但斯特尔报道的内容实际上却是里根反对资助类似养老院的公共健康计划,以及削减了残疾儿童的资助金。斯特尔揭露了里根的虚伪,他在养老院和残奥会上的表现正如金里奇当时对"空军一号事件"的抱怨,但她也担心这条勇敢、优质的重要新闻会让她付出巨大的代价。这条新闻会产生一定的影响,因为它长达5分40秒,

故事效能

几乎等于晚间新闻里的纪录片,斯特尔担心在白宫的消息来源恼火到让其滚蛋。

报道播出后,白宫的一名高级幕僚给斯特尔打了电话。

"干得好,真棒的报道,我们爱死它了!"

斯特尔非常惊讶:"你没听见我的播报吗?"

高级幕僚告诉她:"没人听见你说什么。"

斯特尔怀疑她是不是听错了:"再说一遍?"

"你们这些电视记者还没搞明白吗?有力和感人的图片,即使不能完全覆盖声音也能推翻它们。莱斯利,我说真的,没人听见你说什么。"

"没人听见你说什么",是电视记者最讨厌的"墓志铭"。观众看到的是,时长5分钟的报道播放了总统在养老院以及和残疾儿童在一起的图片,他看上去确实充满关切、兴趣高涨、一身的总统范儿。里跟团队明白,即使电视记者放慢语速,这种报道也不会有什么价值。当时BBC广播的一名前同事经常对我说:"没人在乎你在广播上穿什么,也没人在乎你在电视上说什么。"迪弗清楚,在讲述电视故事的过程中,引导我们大多数人的是图片而不是记者的话。我们眼睛看到的"真实"要强于语言、政策和明显伪装出的真相。

以这种方式操纵记者是里根团队的常规做法,迪弗将照片

第三章 用文字、图片、行动来讲故事

的运用变成了一种艺术,它不仅为伦敦的撒切尔夫人团队所用,而且在世界各地变得司空见惯。里根就成绩不佳的环境政策发表讲话时,迪弗和他的团队会在美国西部寻找合适的背景,穿着长方格开领衬衫的里根看起来英俊潇洒,他置身于一个很上镜的背景空间,红岩峡谷、河流、森林,也许还骑着马,粗犷的个人风格一如既往地象征着美国大地,象征着他的国民和牛仔神话。里根可能会说大峡谷将被改造成一家水泥厂,但图片讲述的确是一个不同的领导力故事。正如迈克尔·迪弗的预见,他明白领导力故事的讲述是每时每刻、随时随地都在发生的事情。

关于求职者面试效果的研究表明:视觉形象往往比语言更有力量。有些求职者甚至在开口说话前就被贴上了合适或不合适的标签,对我们这个时代视觉的电视媒体来说,这种效果更加明显。1960年,理查德·尼克松和约翰·F.肯尼迪的总统辩论在电视上播放,通过广播收听辩论的美国人认为尼克松赢了,而观看电视的美国人却认为他输了,因为他满头大汗,看起来十分紧张,这是一个非常著名的事例。英国每一名在广播4台《今日》节目中接受采访的政客都需要掌握这一点——任何在自己选择的背景前发表演讲的领导者都可以依靠视觉形象控制他的领导力故事,就像罗纳德·里根一样。

领导力小结：

　　领导力故事要求谨慎使用语言，褒义词用于自身，贬义词用于对手。就电视而言，图片可能更加重要。讲述领导力故事就像玩"蛇梯棋"游戏，在可控环境里演讲是梯子，能提升领导者的声望，但接受采访，尤其是面对好辩的广播节目或报刊记者，很可能就是蛇，因为领导者很难控制局面。

追随力小结：

　　仔细听讲，更仔细地看图。注意，这些语言和图片都不是偶然出现的，它们就像狗哨，目的是无须解释原因就让你流口水或是狂吠。

Chapter 04　第四章　信息失真

这一章我们不考虑向领导者学习，而是关注媒体变革如何改变他们向幕僚、客户、选民和世界各地的支持者及潜在支持者传递领导力故事的方式。过去30年里，媒体环境的改变比任何时候都快。我们大多数人都会用"信息时代"来形容21世纪的海量即时信息技术和传递系统，问题是，大部分信息失真、不可信赖、易被操纵，或者完全是谎言。在寻找可信任故事的过程中，我们往往更容易接受领导者所讲述的看似真实的事件和所传达的与他们"真面目"相关的个人信息，但我们如何确定呢？我们很快会发现，真实可以伪造，在一个八卦满天飞的世界里，这样特别危险。

以下是现代领导者讲述的一些故事，它们的共同之处在于每一个由领导者主动提供的故事在几年前还被认为是过于私密

故事效能

不宜领导者讲述，以及过于成人化不宜在报纸和电视上传播。

故事一：

2010年4月，即将成为英国首相的戴维·卡梅伦接受了《星期日邮报》的采访。当被问及是否偷过情时，卡梅伦回答说没有。被问及是什么时候让妻子怀上的孩子，卡梅伦回答是在2009年的圣诞节。萨曼莎·卡梅伦怀孕是2010年5月英国大选最有趣味性的故事之一，领导者的生育迎合了记者所谓的人情味。顾问团队也热爱孕事，因为婴儿代表好消息，让选民感觉领导者就和我们一样，即使是最狡猾的政客也不会伪造孕事（据我所知）。但在20世纪80年代，有谁敢在撒切尔夫人面前问她的私生活吗？或是问她什么时候怀了孩子？撒切尔夫人在回答这种问题的时候会像卡梅伦一样好脾气吗？

故事二：

美国总统巴拉克·奥巴马在1995年出版的自传《父亲的梦想》中透露他年轻时候抽过大麻，试过毒品，奥巴马抢在调查记者和政治对手塑造负面对立故事之前公开了这一信息。这是真实的，他为什么要撒谎说自己吸毒呢？这就是"和我们一样"。尽管已经摆脱和克服了，但从某种意义上来说他在承认自己的弱点。政治顾问极其欢迎救赎故事，乔治·W. 布什将酗酒和坏男孩的负面故事转变成优势，强调了宗教的救赎力量；通

第四章 信息失真

过在竞选总统前13年里创造的"对毒品说不"的故事,奥巴马占据了主动。这意味着到2008年,毒品故事已是旧闻。然而,你能想象约翰·F. 肯尼迪主动谈论他对止痛药的使用吗?或是温斯顿·丘吉尔直言他对酒精的依赖?

有些报纸一直对领导者的私生活充满兴趣,但它们过去报道的内容要比现在局限得多。20世纪30年代的英国报纸对爱德华八世及他爱上华莉丝·辛普森的故事报道谨小慎微。正如我们在电影《国王的演讲》中所见,即便是乔治六世的口吃都是一件不能公开的尴尬事。

现代领导者故事反映了过去30年里重大的社会变迁:我们看待隐私的态度变了,媒体变了,因此我们对领导者讲述领导力故事的期望也变了,这一点十分重要。媒体的关注点从实事、能力和政策——比如丘吉尔、戴高乐和罗斯福这样的领导者,转向性格的各个方面、自白和魅力(时常缺席),诸如卡梅伦、奥巴马、金里奇、萨科齐、贝卢斯科尼、布朗、克莱格等。最重要的是,我们已经转向寻找真实,渴望看到、听到领导者和他们的生活背后的真实故事,从而发现他们的真实样子,这给顾问团队的有效操纵打开了大门,他们和领导者达成交易以换取有利报道。

30年前,互联网、24小时电视新闻频道、手机、平板电脑、脸书、推特、谷歌、维基百科、电子邮件等统统不存在。谁也没听过 App，但新技术才是最引人注目的部分，当信息传递的方式发生改变，信息的内容也会改变。维基机密之所以能公开数量庞大的文件，仅仅是因为这些信息现在能存储在一块小芯片里。过去可没有谁能像布拉德利·曼宁那样有希望"扛走"如此多页的外交政策文件，这些秘密会被隐藏数十年，甚至永远。

很多知名人士对媒体的这些深刻变化负有责任，你也许首先会想到万维网的发明者蒂姆·伯纳斯－李，或是我们提及的澳籍美国人鲁伯特·默多克、意大利的西尔维奥·贝卢斯科尼、维基解密创始人朱利安·阿桑奇等媒体大亨；你可能会想到诸如托尼·布莱尔的联络官阿拉斯泰尔·坎贝尔以及罗纳德·里根的联络官迈克尔·迪弗之类的媒体战略家和操纵家；你可能还会将矛头对准萨奇兄弟、微软创始人比尔·盖茨、苹果创始人史蒂夫·乔布斯、脸书创始人马克·扎克伯格以及推特的创始人们。但现代社会里一些最有意义、最难理解的趋势背后隐藏着一个几乎是默默无闻的创造天才，他叫爱德华多·爱德华多，一名老派的西班牙人，他改变了全世界领导者讲故事的方式。

Chapter 04 第四章 信息失真

> Hola！爱德华多

爱德华多·爱德华多出生于1943年,在巴塞罗那长大,他的父亲安东尼奥是一名报纸编辑。1944年,他的母亲想创办一本展示生活中美好事物的杂志,鉴于"二战"末期佛朗哥将军统治下的西班牙法西斯主义,这本杂志必须要积极向上、恭敬有礼且准确无误。《Hola！》杂志诞生了,不过今天的大多数英国读者更熟悉《Hello！》杂志。爱德华多主事《Hola！》期间,采用了一项相当成功的家庭计划,从而使它成了过去50年最伟大的出版物之一。

2010年6月,爱德华多辞世,尽管出版界外的大多数人对他一无所知,但他的杂志却风靡世界。《Hola！》及它的模仿版本反映了过去几十年里大众审美的快速变化,与此同时它们也在改变这种审美。到20世纪90年代早期,爱德华多和奥普拉·温弗瑞、菲尔·唐纳修、杰里·施普林格等人已经开创出一种自白风格,鼓励名流以及政治人物等"领导者"公开谈论自己过去被认为是私人的甚至可耻的事情——吸毒、偷情、买春以及风流韵事,影响深远。爱德华多和新技术(互联网和手机)一起改变了我们的品位,一时间,世界各地都在讲述私人琐事。

我把这种现象称作"八卦的全球化",它加速了隐私观念的崩溃，这些因素综合起来，导致了各个领域领导者在领导力故事管理方式上的彻底变革。美国评论家称美国文化正在"奥普拉化"，更准确地说，全世界的新闻和文化都在"奥普拉化"。

> **新闻的垃圾化**

1988年，《*Hola*！》杂志更名为《*Hello*！》在英国发行，自此席卷至70个国家，包括巴西、印度、加拿大、马来西亚、俄罗斯、泰国、摩洛哥和土耳其等。这本杂志及其竞争对手，包括《OK！Now》和你能想到的任何一本名称里含有感叹号的杂志所使用的名流自白语气很容易传入电视和广播。奥普拉·温弗瑞的职业生涯同样开始于20世纪80年代，她的节目定位与此类似，氛围欢快、关注私人琐事，一般不会给嘉宾和观众带来很大的挑战。奥普拉·温弗瑞的网页上经常会出现惊人和迷人等词语，而典型的励志剧情也许是邀请你见一见百万富翁、妈咪作家或学习反败为胜的最佳方式。

在我看来，奥普拉·温弗瑞的志向当然没有问题。我曾采访过她，发现她很有思想，令人感到鼓舞，她谈起自己对公益事业的支持时妙语连珠，尤其提到了识字可以帮助人们摆脱贫困时。她既是一名精明的商人，也是一名充满魅力的记者。事

第四章　信息失真

实上，她很注重倾听，不像很多其他访谈节目的主持人，经常只是把嘉宾当作展现自身才华的陪衬。爱德华多和奥普拉·温弗瑞开创的潮流改变了故事的讲述方式，起初是名流，后来是当权者，现在是我们。

爱德华多说他的杂志是生活泡沫，永远滋味无穷且体贴周到。杂志刊登的文章令人愉悦，还配着漂亮的插图，是达成一致的成年人之间的交易和合谋。这些照片往往夸耀文中的主角和他们的财富，就像18世纪欧洲贵族或地主乡绅的肖像画，画面背景展示着他们的狗、马、枪、房子和土地。奥普拉的脱口秀和《Hello !》中这些讲述正面故事的机会势必会引起领导者及其媒体顾问的共鸣，因为他们一直在寻找一种夸张但和谐的可控方式来联系数千万的读者、听众和观众。

和《Hello !》类似的一家英国杂志的前编辑对我讲许多名流之所以对这些泡沫般的杂志"敞开心扉"，允许刊登其住宅、家人以及所谓的亲密时刻，是因为他们通常能得到相当可观的报酬和正面宣传的保证。这与18世纪的委托绘画有共通之处，画家会选择柔化线条并避开绘画对象的缺陷，结果导致文章读起来通常像是免费广告。实际上它就是免费广告，领导者尤其是政治领导者和他们的顾问尤其清楚这一点。当然，这需要付出代价，你可能是在和魔鬼做交易。

> 名人的商品属性

爱德华多的天才之处在于他知道名人愿意变成像咖啡豆或咖啡一样可以交易的商品,尽管名人商品和实物商品比起来未必有用,"波霸乔丹"就是一个明显的例子。用新媒体界的套话来说,她已经变得为了出名而出名,但这种轻蔑的说法低估了她将自身的生活故事商品化的熟练技巧。凯蒂·普莱斯肯定不是一名领导者,但她出色地讲述了她的私事,通过向表现出兴趣的人说明"我是谁",也完成了领导力故事中至关重要的第一步,现在已经成了一名畅销小说作家,虽然小说是由别人代写而成。你可以把这看成事实向虚构的转变,简单来说就是用一种讲故事的方式来代替另一种。正如罗伯特·麦基在《故事》中所言:

> 讲故事最怕面面俱到,千万别提什么事情确实发生了。一切都在发生,你能想象的在发生,你不能想象的也在发生。但故事不是现实生活,仅是发生,不能让我们接近真相。事实上,发生的事件并非真相,我们对所发生事件的思考才是真相。

故事,包括传记和自传,是谋算而非事件。它们由人为制造,并不像自然界里那些偶然被发现的煤矿或金矿。领导者和他们的顾问逐渐开始注意到文化中深刻的改变以及人们所希望

Chapter 04 第四章 信息失真

听到故事的类型变化，领导者如何利用这一点？答案是在回答"到底是什么样的人"时。人们经常就我见过的领导者这样问我，希望听到更私人一点儿、更真实一点儿的东西。

> 博人眼球的尖叫

伦敦新闻界的一名前编辑这样评论爱德华多的"生活泡沫"在世界范围内的成功，八卦因此从院墙间的低语变成了灯光下客厅沙发上博取眼球的尖叫。社会学家斯图亚特·霍尔教授对此有不同看法，霍尔将这些故事称作名流或政客参与的一种个性化转变，让我们能更好地对他们进行思考，至少是从不同角度去思考。

想象这样一个世界，由于媒体顾问的所作所为，美国总统、英国首相、日本首相、德国总理以及诸如英国石油公司和微软等跨国企业的首席执行官得以避开白宫记者团、国际新闻评论员和英国广播公司那些自大的采访者的敌意和负面报道。一个没有新闻记者把关、没有专家称为"媒体过滤器"的世界，领导者们可以坐在励志电视节目的沙发上，或与温和的采访者一起出现在杂志里，通过私密的"我是谁"时刻传达他们的信息，除了谈论那些他们同意谈论的"真实"生活琐事，分享他们的

"痛苦"，不会被问及任何棘手的难题。忘掉政策风险、经济灾难和战争，我们一边观看他们的个性化转变，一边抓过面巾纸。

领导者和他们的顾问从生活泡沫新闻里还发现了一个好处。据报道，爱德华多花了100万英镑从狗仔队那里购买了戴安娜王妃裸着上身晒日光浴的照片和底片，你没在他的杂志里见过这些照片，因为他从未公开。爱德华多之所以购买这些照片，是为了防止其他杂志的刊登，这让他得到了一个正派人的好名声，有利于他的领导力故事。新一代媒体掮客从爱德华多身上获益良多，他们有时会以声誉管理或公关顾问的名义行事，其中一部分工作就是安排名人和竞争激烈的名人报纸杂志之间的交易。一名这种杂志的编辑告诉我，他们的大部分工作是阻止刊登。那是怎么做的呢？他说，提供另外一些他们可以刊登的内容，即更符合客户利益的内容。

英国的马克斯·克利福德是这一全新领域最富洞察力和最知名的领军人物之一，克利福德的"我是谁"故事塑造了一个和大众以及大众品味联系紧密的人。他曾经跟我说过他如何坚持向他在薯条店里遇到的人询问关于窃听电话和其他事项的意见，目的是看看人们对当天的重大新闻做何反应。克利福德认为他的行为符合客户的利益，并屡次向我表达他对八卦记者窃听电话的厌恶。他自己就是窃听的目标，而且从鲁伯特·默多

第四章 信息失真

克的新闻国际公司获得过巨额报酬。我问克利福德电话窃听是否存在合理性，他说除非是用在恐怖分子和恋童癖身上，且仅此而已。他爽快地承认，正如我提到的一样，他的大部分工作不是向报纸出卖故事，恰恰相反，是努力阻止报纸刊登具有破坏力的对立故事，并同时推广客户渴望讲述的更为正面的故事。政治化妆师们跟我说过，他们钦佩马克斯·克利福德的天赋，并从他那里学会了如何应对领导者在困境中所面临的某些难题。

另一名媒体人物，某种意义上也是一名领导者，对21世纪的新媒体环境如何改变领导者做出了精确的评价。他就是拉瑞·弗莱恩特，知名杂志出版商和言论自由活动家。在和弗莱恩特谈论他写的《欲望白宫》时，我请他解释一下这个更加无孔不入的全球八卦新时代。他表示冷战的结束发挥很大的作用，我们正在恢复早期的下流报道方式，19世纪的报纸也把政治人物的私密生活当成猎奇的对象。

弗莱恩特在《欲望白宫》中写道："民众会将候选人的个人经历当成他公职表现的晴雨表。"直到20世纪早期，新闻记者才认可禁止报道政治人物私生活的职业道德守则，然而，小报新闻的兴起和冷战的结束，促使新闻界再次将目光聚焦在总统的私生活上。

历史上，欧洲和美国的小报记者，包括本杰明·富兰克林都认为报道当权者的私生活是正当、合理的。但从1914年"一战"开始到90年代,全世界总有一些地方处于战争状态,先是和德皇威廉二世,然后和希特勒、墨索里尼以及日本军国主义等。纵观过去几乎一个世纪的冲突,报纸及广播电视节目的编辑认识到,正如弗莱恩特对我说的一样,"保护总统非常重要,他们是国家政权的一部分"。

弗莱恩特认为:媒体当前对政治性丑闻的迷恋实际上并非新现象,而是美国政治传统的回归。博主就是新时代的"小册子"作者,本杰明·富兰克林肯定会理解诸如马特·德拉吉、佩雷斯·希尔顿这样的博主以及《Hello!》杂志和奥普拉脱口秀为何如此流行。21世纪的不同之处在于"小册子"——博客、推特、电视报道,以及很容易上传到网上的图像和视频能够立即传遍全球。因此,八卦的全球化一定会对领导者和他们的顾问产生深远影响,这是一个机会,也是一个挑战。我想回到这一章开始时的2010年英国大选,以此证明这一全新的"生活泡沫",媒体环境改变故事和故事讲述者的方式。

领导力小结:

21世纪信息时代的到来改变了我们接收新闻的方式,也改

第四章　信息失真

变了我们读到、看到和听到的新闻类型。全球都在聊八卦，即使无名小卒也可能突然爆红，个人隐私已然消亡。名人文化改变了我们期望在新闻中看到和听到的内容。冷战的结束给领导者的生活带来了新的困扰，或者正如拉瑞·弗莱恩特所言，这是对18世纪和19世纪"小册子"传统的回归。政治家、商人和其他领导者已经认识到，他们必须适应在这个充满竞争的新媒体市场讲述领导力故事的方式，我们也一样。

追随力小结：

在这个全球都在聊八卦的环境里，现代领导者面临的挑战是进行个性化转型，找到一种看起来更人性化、更能引起共鸣和更"真实"的方式。作为追随者，我们要提醒自己，仅仅因为领导者越来越愿意谈论他们所谓的私生活不代表我们就能了解他们的好能力、正直，甚至坦诚。仅仅因为我们经常看到戴维·卡梅伦骑车的照片，不代表卡梅伦骑车的真实性就高于他骑马的真实性，这仅仅意味着他和他的顾问对讲述一个卡梅伦骑车的故事更有兴趣。

Chapter 05　第五章　似是而非的出身

> 这是一群高调讲述"我是谁"领导力故事的专业人士，他们属于过去20年里世界最著名的人物。他们都是美国人，已经成为或渴望成为，或据说已经成为美国总统，每名领导者都在努力让自己听起来有人性和真实，因为领导力故事能够引导美国选民的行为。领导者在任何情况下都不忘发掘能让你念念不忘、能让你对他们产生好感的"耳虫"故事。

所有领导者都会讲述一个关于出身的故事，比如摩西是在芦苇丛中的篮子里被发现的，在需要或是可能进行政治化妆之前，他们鼓励我们相信这些故事，让我们在童年时就牢记在心。我听过很多领导者讲述"出身"故事，从秘鲁总统奥良塔·乌马拉和尼加拉瓜总统丹尼尔·奥尔特加到谈论在沙漠中俭朴生活的海湾国家的亿万富翁王子，其中有些故事极具神话色彩。

长期以来它们一直在接受塑造，所以我想到了一个拙劣的达尔文式双关语：似是而非的出身（the Origin of Specious，与物种起源 the Origin of Species 发音相同），你能从这些自传或传记的简短摘录中猜出这些美国领导者是谁吗？

领导者A：

"我和我的祖父母一起生活了四年，他们没什么钱，我在乡下和曾祖父母待了很长时间，无论用何种标准来衡量，他们都是非常贫穷的。但我们真的不觉得自己很穷，因为我们彼此关心、不找借口，我们相信美国梦，互相支持，努力工作。"

领导者B：

"父母在弗斯特梅因镇的偏远地区租了一间建于1898年的小木屋，我们养了两条狗和一只猫，我对学校的第一个清晰的记忆停留在幼儿园老师将一台黑白电视机推进教室让我们观看美国宇航员登上月球的时刻。哪怕是观看美国宇航员在月球上行走的录像，都能让我为我们的国家感到自豪——我们取得了如此辉煌的成就！每天早晨全班一起背诵誓词时，我的内心也会喷涌出同样的感受，倍感高尚和骄傲。我知道语言的力量。不仅仅是语言，我从小也很喜欢读书和写作。"

你可能开始怀疑我是不是骗人了，这些真的是不同的人吗？他们听起来几乎一模一样，他们似乎生活在同一个美国小镇，而镇上的居民无不是勤奋工作、互相照顾、共同克服物质

Chapter 05　第五章　似是而非的出身

困境的正派人。

领导者C：

"M是一座小镇，拥有小镇式的价值观。我们学习尊敬老人，对邻居友爱，去教堂祷告，和家人一起共度时光。没人会锁门……那是一个快乐的童年，爱、朋友和运动环绕着我……"

领导者D的故事也大同小异，下面的内容摘自一部未经授权且带有批判性的传记。

他预见命运的最佳证据就在第29个拐角，领导者D的父亲在20世纪20年代建造了这座整齐的小平房，当时的29街是小镇的边缘区域，但它依然是维护良好的中产阶级社区里引人注目的一座房屋。领导者D将他平凡的青春岁月变成了一个优势，他的胜利是制度的胜利。在美国，勇气和远见仍能战胜阶级和特权。

领导者D说："美国的秘密就在于普通人能取得不普通的成就。"他讲述赞誉美国小镇美好本质的故事，有时候相当诙谐幽默。在他的每一个故事里，听众都能闭上眼睛想象好似诺曼·洛克威尔画作里的场景。

我在20世纪90年代拜访领导者D时，他确实跟我讲了赞誉美国小镇美好本质的故事。他自豪地向我展示了诺曼·洛克威尔画里的场景，并谈到了他穷苦的童年。讽刺的是，洛克威尔的原版画作昂贵无比,他所描绘的小镇上中等收入的居民谁也买不起他的作品,只有像领导者D这样非常富裕的人才有足够的钱购买这些美国"普通"小镇的伤感画像。

下面简单介绍一下领导者E:

"星期天意味着要去圣玛格丽特教堂,那里有属于我家的靠背长凳,人们总是忙于集市交易、烘焙义卖和年度舞会,在舞会上你可以彻底放松自己……"

这五名领导者包括三名白人男性、一名非裔男性和一名女性。他们的特性和出身大相径庭,但拥有令人生疑的相似经历。他们分别成长于纽约市、阿肯色州、阿拉斯加州以及得克萨斯州两座截然不同的小镇,然而他们的领导力故事却歌颂着相同的美德,即适用于一切困难的谦虚、爱国精神、节约、家庭观、信任、乐观和恒心。篮子里的未必都是摩西,但只要稍加调整你就能从一名领导者的故事里截下一段,并将它完美地放到另一名领导者的故事里,无论是祖父母还是宠物。正如领导者D所言,这些领导者都是渴望取得非凡成就的普通人。这好比是不同品牌的灭菌鲜奶和均质牛奶,虽然奶牛有可能不同,但牛奶尝起来总是相同的味道。

令人惊讶的是,他们不仅在"我是谁"的定义上非常相似,而且从表面上看,在"我们是谁"的定义上也非常相似。每一

第五章 似是而非的出身

个野心勃勃的总统候选人都在反复讲述诱人的美国神话故事，即现代美国是一个主要由具有社区意识的人居住的国家，他们的小城镇家庭价值观与《草原上的小屋》相似，尽管理智上他们知道很多同胞秉持的是《辛普森一家》式的家庭价值观。

那么这些领导者都是谁呢？

> 来自霍普的男孩

领导者A是比尔·克林顿，摘录选自吉姆·摩尔创作的《克林顿：忙碌的年轻人》。我在第一章里提过，克林顿经常说自己是来自霍普的男孩，他出生于阿肯色州的霍普小镇，那是一个充斥着神话般的小镇价值观的地方。

我第一次去霍普是在1992年的一个大热天，一名当地妇女从家里出来递给我一杯鲜榨橙汁，因为我看起来像是需要它，她还想打听出我去干什么，她对陌生人的慷慨热情以及好管闲事确实代表了真正的小镇价值观。

克林顿一直试图控制和塑造他的领导力故事，就像尤里乌斯·恺撒和温斯顿·丘吉尔一样，他在1996年寻求连任时出版了一本叫作《希望与历史之间》的书，但他的真实出身略有不同。虽然克林顿某种程度上可以说是在霍普长大，但也在阿肯色州以温泉和赌博著称的温泉镇待过,他还曾就读于牛津大学和乔治敦大学这样的世界名校。可涉及回答"我是谁"这个问题时,简明励志的"来自霍普的男孩"比"来自赌城著称的温泉镇的牛津大学男孩"更有利于讲述20世纪末期的领导力故事和创造总统神话。

克林顿对21世纪领导方式转变的象征性远远超过其他领导者人物,特别是隐私在公共生活中的弱化和八卦全球化时代的到来。作为冷战后当选的美国总统,克林顿是百年来第一位全面感受到新媒体文化热度的总统,他也见识到了新时代丑闻爆料者的力量,比如爆出莱温斯基丑闻的博主马特·德鲁奇。此外,克林顿和其他四名领导者一样,在描述童年时强调美国人如何看待自己的核心问题——我们彼此关心、不找借口,我们相信美国梦。

> 明星的诞生

领导者B是阿拉斯加前州长萨拉·佩林,她是2008年共和党的副总统候选人和右翼茶党运动的支持者。佩林经常在推特上发表消息,相比老派政客更像Lady Gaga,是扩音器媒体时代的典型代表。就像Lady Gaga一样,佩林一直把自己塑造成一

第五章 似是而非的出身

名局外人，但不是"怪兽妈妈"，而是"独行侠"。在她的自传《我行我素：美国人的生活》中，佩林（或者枪手）在书中回答创造神话的"我是谁"，她像克林顿一样突出身为美国人"我们是谁"的核心观点。

她热情地描写了在阿拉斯加的童年生活，其中甚至包括父亲带她去打猎探险期间挖出了一条死麋鹿的眼球放进小萨拉的手心里。她说她喜欢阿拉斯加的野生动物，尤其是餐盘上摆在土豆旁边的肉。手心里麋鹿的眼球或餐盘上麋鹿肉汉堡也许不能帮她平衡预算或应对伊朗核问题，但这些"生活泡沫"故事让佩林得以从经验不足和政策不明中解脱出来。

在2008年的共和党全国大会上，代表们大为赞赏的不是她的思想，而是她个人生活和领导力故事的泡沫细节。她告诉世界，即使升任了阿拉斯加的州长，她仍是一名忠诚的"冰球妈妈"。她讲述了自己和好战的斗牛犬关于口红的争斗，引起了哄堂大笑，这样强大的人够当总统吗？那还用说！

事实上，萨拉·佩林只是"怪兽妈妈"的另一种形式，通过讲述自己是"旁观者"的故事帮她高升，让她看起来令人难忘。佩林的方法是利用美国演讲专家南希·杜瓦特所说的"明星（STAR）时刻"，STAR 是 something they always remember （他们永远记住的事）的缩写。佩林在共和党大会上的表现确实令人难忘,尽管参议员约翰·麦凯恩团队里的几名幕僚暗中缺乏实质内容对她进行了严厉批评。

虽然政治立场完全相反,但萨拉·佩林轻松地回应了比尔·克林顿"我们彼此关心、不找借口,我们相信美国梦"的说法,这正是"似是而非的出身"在故事讲述中的重要之处,不过佩林和克林顿通过这些话表达的意思并没有什么不同。你是否相信这种美国政治的样板是另一回事?

2010年冬天,我跟随萨拉·佩林的《我行我素:美国人的生活》图书巡展来到南达科他、内布拉斯加和爱荷华的心脏地带,佩林谈及她的美国价值观——我们相信美国梦时,仿佛她们一直处于政府机构的威胁之下。相反,克林顿的政治生涯则致力于考虑政府如何培育美国梦背后的社区价值观并让它们得以实现。

我在《我行我素:美国人的生活》图书巡展上和佩林的支持者交谈时,他们没有一次提到和她竞选有关的政策,反而不断重申佩林不同于华盛顿那群人而是"就像我们一样",佩林的崛起建立在将"我是谁"解释为"我们是谁"的基础上——处于华盛顿那群人威胁之下的普通美国人。

佩林在书中提到,她的父亲决定把电视机放进他们家(在阿拉斯加的小镇上)一间没有暖气的房间,因为少看电视意味

第五章　似是而非的出身

着多读书。佩林在读《给海鸥乔纳森的珍珠》和《动物庄园》，还有克莱夫·斯特普尔斯·刘易斯的所有作品时，都会在读完一本书后等上足够长的时间再读另一本。

佩林总结道："美因街上的图书馆是我的避暑山庄。"这一切也许是佩林领导力故事中真实的部分，但无法令人相信萨拉·佩林是乔治·奥威尔的忠实读者，恐怕她只在课本里读过奥威尔的文章（他如何联合托洛茨基派系的无政府主义者共同对抗佛朗哥，他为何认为政客是潜在的"老大哥"或是从人类手中接管了动物庄园的猪？）。更具揭露性的是，在2008年总统竞选期间，当佩林被问及最喜欢的读物这种软问题，并且被记者凯蒂·库里克追问和报纸有关的细节时，她记不起任何标题，即使根据推测，那些报纸应该是她的新闻信息来源。

和罗纳德·里根、乔治·W. 布什的成功一样，"佩林现象"遭到了广泛误解，特别是在欧洲。S. 亚历山大·哈斯拉姆、斯蒂芬·D. 理查和迈克尔·J. 帕拉托在《新领导心理学》这本书里阐述了领导者如何通过简单的故事拉近自己和听众的距离。他们举了罗纳德·里根在1984年7月竞选连任时反攻民主党对手的例子。

当时他在南部的亚特兰大，并在旧金山的共和党大会上提到民主党时说："你们知道，那些在旧金山的大雾里描写南方的家伙正忙着用听起来有说服力的语言进行交谈和表现，事实上这些语言听起来很响亮，但其中很多都含有温斯顿·丘吉尔所说的不精准术语，这是他们表达虚假事件的一个好方式。"

哈斯拉姆、理查和帕拉托在书里接着写道："里根时常使用民间语言直率地把自己定位为对抗精英阶层的人民之子，做一名单纯的人民之子是非常复杂的事情，他的语言是一种巧妙的身份构建，也是一种对现实的朴素描绘。"他们用白宫副幕僚长理查德·达尔曼提供的一份内部竞选备忘录佐证自己的观点，该备忘录陈述了里根讲故事的总体策略，并把他塑造成美国人公认的英雄。蒙代尔（里根1984年的竞选对手）如果攻击里根，就等于是攻击美国自身的理想形象，某种意义上，反对里根就是反对神话般的美国。

注意"神话般"这个词，达尔曼无疑明白，里根讲述的是一个关于他、他的领导、他的受众以及他自称所代表的神话般的美国这个故事。他将民主党人描述成"那些家伙"，而把自己描述成"我们"，正确思考的"我们"。

这种将领导者和国家联系起来的尝试存在于不同时代和不同文化，你可以从意大利的贝尼托·墨索里尼、日本的裕仁天皇、英国的温斯顿·丘吉尔和南非尼尔森·曼德拉的领导中看见它的影子。美国也不仅仅是共和党才这么做，一份由希拉

第五章 似是而非的出身

里·克林顿2008年竞选首席策略师马克·佩恩提供的内部备忘录显示：他想让她描述巴拉克·奥巴马的特性是让他表现出自己根植于美国的基本文化和价值观，在节目和演讲中清楚地代表美国，代表美国是所有领导力故事的要点，这就是为什么很多故事听起来一模一样的原因。

>"达不溜"

领导者C是美国第43任总统乔治·W. 布什（小布什），上述摘录选自他的自传《勇往直前》。和其他四名领导者一样，乔治·布什也将自己塑造成芦苇丛中的摩西，更中肯地说是塑造成出身贫苦最终却执掌白宫的亚伯拉罕·林肯。布什的"我是谁"讲述的是一个在得克萨斯米兰德小镇长大的穷孩子的故事，这个故事对政治有利但相当可笑。乔治·布什是老布什总统的儿子，老布什的家乡是缅因州的肯尼邦克港，他几十年来一直身居共和党高位，长期担任共和党全国委员会主席，还担任过美国驻北京联络处主任。老布什在入主白宫之前当了8年美国副总统，就住在麻省大道英国大使馆后面的一座豪宅里，而且他的父亲普雷斯科特·布什非常富有，他们家富得流油。据说在世界经济大危机期间，老布什上学都是由豪车接送的。

乔治·布什也许会称赞童年时代得克萨斯州米兰德的小镇价值观，但他不会详细讲述他们家继承的巨额财产、丰富的政商关系以及所谓小镇家乡无处不在的种族主义和种族隔离。很多非裔美国人认为乔治·布什描述的童年时的米兰德镇更像是虚构之地，例如，除非洗碗和修剪高尔夫球道，黑种人不会进入布什等人打高尔夫球和网球的乡村俱乐部。直到20世纪90年代中期，位于大都会休斯敦的这家布什家族"御用"的高级德州乡村俱乐部才允许吸纳非裔美国人会员。

当时和我打高尔夫球的是拥有14000名教徒的休斯敦大教堂——温莎村联合卫理公会教堂的牧师科比杨·考德威尔，科比杨是一个富有魅力的非裔美国人牧师，他后来曾在2001年乔治·布什的就职典礼上主持赐福仪式。考德威尔在政治上是位独立人士，就个人而言，他显然喜欢乔治·布什，但当我们在首次允许非裔美国人进入的乡村俱乐部打高尔夫球时，他批评到，神话般的美国普遍存在种族歧视，而一些上流社会的美国白种人根本视而不见。

交谈中，我们难以相信允许黑种人加入乡村俱乐部竟然被当成乔治·布什的故乡在20世纪90年代的一个历史性突破，它听起来简直就像发生在19世纪90年代的事。乔治·布什的出身故事没有提到或注意到这些据称是普通成长环境的普通方面，而

第五章 似是而非的出身

且其他内容也不那么严谨。

布什家的黑种人女佣奥塔·泰勒回忆乔治·布什当时的想法是"黑种人女性不能穿裙装去镇中心，只能穿工作服或制服"（《名利场》2000年10月刊）。对于"我们是谁"，乔治·布什似乎没有注意到，他所定义的"我们"在很长一段时间内都将非裔美国人排除在外。不过，乔治·布什拥有非凡的讲故事本领，和罗纳德·里根和萨拉·佩恩一样，人们误解和低估了他的故作天真，用他自己的话来说叫作"错误低估"。布什要讲好出身故事很难，因为他既是"官二代"，也是"富二代"。他喜欢放纵的生活，有着酗酒、成绩不佳、兄弟会劣迹等历史，在商业上的成功很大程度上归功于家族关系，有时他连自己的母语都说不好。然而，他所讲述的故事仍旧让他和得克萨斯人民以及全美各地的选民建立起紧密联系。

布什在2000年的总统选举中打败了（按照最终的选举结果来说）据称更聪明的阿尔·戈尔，随后他在2004年的总统选举中完胜同样聪明的参议员约翰·克里。每一次布什都是依靠故事获胜，因为故事让他比对手更接近"我们是谁"里的美国人民。故事将他塑造成一个奋斗在这个世界上的普通人，最喜欢做的事情是清理牧场上的灌木或和朋友们一起烧烤，他年轻时有点儿流氓气，就像普通民众一样，但在上帝和节制的救赎下

故事效能

"浪子回头"了。

布什的天才顾问卡尔·罗夫以及布什团队的其他成员打算接受对立故事中对布什最不利的批评，如同柔道选手一样自信满满地用它们对付政敌，这是一场激动人心的"战役"，布什的竞选团队和代理不断攻击他的对手是脱离普通群众的特权阶层和华盛顿内部人士。在2004年的竞选中，鲁伯特·默多克旗下支持布什的福克斯新闻网屡屡嘲讽参议员约翰·克里会说法语的事。就欧洲国家而言，领导者会说外语通常被认为是积极的一面，例如，托尼·布莱尔一口流利的法语就给选民留下了深刻的印象，但美国的情况有所不同。

无论如何，这种对能流利地使用外语的粗鲁嘲讽使得克里的正能量变成了负能量，他被包装成一个对立故事里的形象——脱离群众的精英分子，这对布什的竞选发挥了最重要的作用。"9·11"事件和伊拉克战争后，美国人在电视剧《辛普森一家》中讽刺法国人是"搬弄是非的孬种"，当时的法国总统雅克·希拉克对此表示了强烈抗议。克里的聪明才智和对其他文化的了解在某种程度上和所谓法国的懦弱联系在了一起。

相反，布什的弱点——他那明显的笨蛋性格被描述成优点，正如杰伊·海因里希斯在《胜利的辩论》中所写的一样，布什的口拙是因为他使用了感情过多但缺少逻辑性的情绪化词语，

第五章 似是而非的出身

他总说短句，再三重复无效短语，而且还颠三倒四。

在布什执政期间，作家雅各布·韦斯伯格经常嘲讽他的"布什主义"，但韦斯伯格清楚"达不溜"讲故事的能力。当布什被问及他在对立故事中的傻瓜形象时，他会笑着回答说："不，我很开心，我喜欢这样。"韦斯伯格在《新领导心理学》中写道："现实中面临危险的不是布什，而是那些诋毁他的民主党人。他们攻击一个'普通家伙'的语言表达缺陷，结果让自己成了不能代表国家因此也不适合领导国家的冷漠的知识分子。"韦斯伯格认为，精英分子理所当然的傲慢态度帮助布什强化了他和民众之间的联系。

说法语无法赢得霍默·辛普森（《辛普森一家》中父亲的角色）的选票，但一遍又一遍地向美国人民灌输领导者的"我是谁"故事能让你赢得选票，乔治·布什尽管缺点无数，这一点却做得很好。他和我们"一样"。2004年竞选期间，共和党的一个广告里说民主党人喝拿铁、吃寿司、开沃尔沃，和普通选民是云泥之别。

布什政府的一名助手曾经对这一切进行过反思，他告诉我欧洲人认为乔治·布什和善而愚笨的想法错得离谱。实际上，布什肯定不笨，也不像他的竞选活动展示的那样和善。

> 我们都需要另一个英雄

领导者E是美国前国务卿、参谋长联席会议主席科林·鲍威尔将军，上述摘录选择《科林·鲍威尔：士兵突击》。鲍威尔是2003年伊拉克战争最强硬的支持者，尽管现在他懊悔于当时收到的错误情报。虽然拒绝参与竞选，但他经常被认为是20世纪90年代最具潜力的美国总统候选人。他讲述的领导力故事包括在纽约度过的充满爱的童年，几乎可以和克林顿、佩林、乔治·布什和佩罗的故事互换，移民经历（鲍威尔是牙买加人），抱负远大的家庭，他也承认军队生涯是他成功的阶梯。

一名和科林·鲍威尔交上朋友的英国资深外交官曾经问他，如果他的父母移民到英国而不是美国会怎样，鲍威尔大笑后回答，他如果幸运的话会在英国一个一般的步兵团里混上中士，但在美国他当上了参谋长联席会议主席、国家安全顾问和国务卿。在鲍威尔的励志故事中，美国是一个无论来自哪里的移民都能站上巅峰的国家。他对"我是谁"问题的回答完美地契合了他这一版的"我们是谁"，就像其他四名领导者一样。

这些传记故事唯一真正的区别在于他们对"我们的共同目标是什么"的定义，我们想象中全世界最强大、最多元和最先进的拥有3亿人口支撑的民主选举，在这些故事里被简化成了领

Chapter 05 第五章 似是而非的出身

~~导~~者可以在政治市场上售卖的同质化理念。每一名领导者的故事都开始于最天真的时光——童年，一段我们往往认为对"政治化妆"既没必要也不合适的时光。

"耳虫"在出身故事的管理上再度发挥作用。正如我们所见，玛格丽特·撒切尔不断重复她是格兰瑟姆镇杂货商的女儿；约旦国王阿卜杜拉二世提醒我们他的母亲开车出门时要在车里放上一把卡拉什尼科夫冲锋枪和一把手枪；2005年，苹果创始人史蒂夫·乔布斯在斯坦福大学的一次著名演讲中对学生们说："今天，我想和你们分享我生命中的三个故事，仅此而已。没什么大不了的，就是三个故事。"他先从他被收养的身份说起，他的母亲是一名未婚妈妈，接着叙述了他怎么会变成大学辍学生，他之前从未参加过大学毕业典礼，然而他却创办了一家全世界最成功、最富创新精神的公司。这样的出身故事或神话不仅仅适用于个人，也适用于民族。对罗马人来说，是吸食母狼乳汁而活的城市创建者罗慕路斯和雷姆斯的神话；对犹太人来说，是"上帝子民"的信仰；对不列颠人来说，是津津乐道于亚瑟王的神秘过去和"权杖之岛"上的亚瑟王宫。

但正如我们在美国这些案例中看到的一样，对领导者或潜在领导者来说，最有效的方法是将他们的"我是谁"的出身故事与最好的国家价值观联系起来。

领导力小结：

  我们每个人都有很多童年故事，我们记得家里的宠物、长辈的管教、做过的疯狂事、成功和失败的教训，还有叛逆的青春期，领导者也是一样。但他们知道要将这些故事和我们的人性联系起来，这种领导者利用共同的童年经历和国家或民族产生共鸣的现象遍及世界。第六章里，我们会发现约旦国王阿卜杜拉的自传记载了同样的事，阿联酋沙迦统治者苏丹·宾·穆罕默德·卡西米也是如此。他告诉我们（不止这些），他小时候有一次骑马去市场，那匹马不仅不听话，还吃掉了摊贩的蔬菜，结果摊贩要求他们家赔偿和道歉。他还提到他小时候曾经因为晕船吐在了一名外国将军（美国陆军上将卢修斯·克莱）的制服上。和美国故事一样，这些童年时代的顽皮和倒霉巧妙地提醒我们，这位未来领导者拥有和我们相同的人性。

追随力小结：

  领导力故事是励志的故事，它们源自成功，也试图说服我们相信领导者在政治上或商业上的道德价值。最不留情的领导者们明白，如果他们能质疑竞争对手的领导力故事，将"我是谁"从"我们是谁"的价值观中剥离，就能给对手致命一击。

Chapter 05 第五章 似是而非的出身

此外,童年故事使领导者得以承认自己的性格缺陷或错误判断,就像巴拉克·奥巴马处理他的吸毒问题一样,我们总是会原谅"孩子"。

第六章　创造真实

> 我想大多数和我打过交道的人都觉得我很直率，确实如此。
>
> ——英国首相托尼·布莱尔，1997年11月16日

追求真实并不少见，伪造也一样。有一点很重要，历史上和各种文化里有很多这种被哈克贝利·费恩称为夸张的例子，领导者为了自身、团体或国家的利益而夸大和改变故事的一部分内容。伪造真实有时候可能是合理的甚至必要的，但如何判断却在你自己。以下是近年来一些迥然不同的故事案例，它们证明了"真实"的必要性和价值，以及为何有时"管理"事实真相非常重要。

本章的两个故事，一个讲述了托尼·布莱尔的巧妙伪造令人感到出奇的真实，还有一个故事来自大多数英国人心中的最伟大领导者、领导者书籍中

> 常见的榜样温斯顿·丘吉尔。我们一致认为，丘吉尔是以正当理由制造真实的范本人物。夸张总有用武之地，领导者比任何人都清楚这一点。

>"斗牛犬"丘吉尔

我们这一代人永远不会忘记1940年6月温斯顿·丘吉尔在敦刻尔克大撤退后发表的演说，我对此感同身受，因为我父亲曾是从敦刻尔克下游海岸加来成功撤退的少数士兵之一。他在加来的大多数战友要么被杀，要么被俘。丘吉尔担任首相后采取的首批措施之一，是决定牺牲加来（包括我父亲在内的所有士兵）以拖延德军对敦刻尔克的进攻，从而挽救溃败的英国远征军。不可思议的是，希特勒发布了著名的"停止前进"的命令。"停止令"意味着由于某些至今仍不清楚的原因，海因希·古德里安和其他指挥官被告知要撤回横扫海岸的装甲部队。无论希特勒出于什么动机，"停止前进"给了英国人喘息的机会，使他们得以疏散英国远征军的残余部队，谢天谢地，我的父亲威廉·约翰·埃斯勒也在其中。1940年6月4日，丘吉尔在下议院说："我们必须非常小心，不要把这次解救当成胜利。撤退不可能赢得战争。"

第六章 创造真实

在那之后,每一名英国学生都学习了我父亲认为是真正领导力典范的至理名言:

> 我们将战斗到底!我们将在法国作战,我们将在海洋中作战,我们将以越来越大的信心和越来越强的力量在空中作战,我们将不惜一切代价保卫本土;我们将在海滩作战,我们将在敌人的登陆点作战,我们将在田野和街头作战,我们将在山区作战,我们绝不投降!

很多领导力书籍将这些句子作为真实领导力和真实丘吉尔的范本,乐观主义、不屈不挠、意志坚定、道德高尚,最重要的是充满信心。但丘吉尔究竟是怎么想的呢?如果纳粹和法西斯控制了从西班牙到苏联边界的整个欧洲,他真的认为英国会永不投降吗?萨姆·利思在他的修辞学著作《你在跟我说话吗》中引用了与丘吉尔同代的人的评论,其中包括其助手乔克·科尔维尔,他认为《我们将战斗到底》的演讲是彻头彻尾的花言巧语,很多同代人在私底下都是这样议论丘吉尔。托利党政治家查尔斯·沃特豪斯说:"丘吉尔在下议院演讲时远非充满自信的模样,不是最佳状态。他开始显得犹豫不决,还说了一些在我看来不适合这种庄严场合的低俗笑话。"

无论丘吉尔人为构建的领导力故事是怎样的,他都不是一个真实的天生演说家。利思写道:"他勤奋练习,非常努力,演

故事效能

讲之前紧张到反胃的地步。"丘吉尔以年轻人的身份请教专家，希望摆脱他的演说缺陷，他既口吃又吐字不清。在发表演说之前，他进行了无数次排练。为了鼓舞士气，他随后在英国广播公司电台录制了用于战争期间播放的演说。利思提到，在录完《在海滩上奋战》的演说后，丘吉尔还说了一句"我们会朝着那些浑蛋扔瓶子，为了守卫我们剩下的一切"这样的话，这句即兴的话在播放的时候当然被删掉了。利思说，最终呈现给广播听众的是总统该有的样子——强硬和成熟，没有讨论事项的窃窃私语，也没有反对党议员的倒彩嘘声，只有他的演说声。

丘吉尔曾用他典型的幽默风格说过："历史待我不薄，因为我打算写它。"他无疑就是这么做的，丘吉尔的《"二战"回忆录》一共写了六卷，并且在这部书里达成了所有领导者都渴望的成就——以自己的方式和语言定义政治遗产，这在很大程度上压制了负面的对立故事。即便如此，温斯顿·丘吉尔仍然像扎尔达里总统一样努力创造着他的真实面貌。据说丘吉尔乘坐英国军机离开法国时对他的幕僚长黑斯廷斯·普格·伊斯梅谈起英国永不投降的奋战承诺，语气截然不同。当时的法国政府即将垮台，而德国军队则势如破竹。伊斯梅想让丘吉尔高兴起来，就说事情也许并不像看上去那么糟糕，丘吉尔斥责伊斯梅在胡说八道，并且冷酷地说他们俩只有三个月可活了。

第六章 创造真实

无论私下如何怀疑，领导者在公众面前讲述故事的方式必须能够反映出他的信心和能力，传达信息时也需要一定的表演能力。丘吉尔爱用的"V"字形手势不仅是一种语言之外的消息传递方式，而且也有助于掩饰那些他只和心腹分享的疑虑。剧作家本·布朗在戏剧《五月里的三天》里反映了1940年6月26日至28日的三天里，法国军队在溃败期间的优柔寡断。丘吉尔的政敌哈利法克斯勋爵建议战时内阁应该利用墨索里尼作为中间人向希特勒求和，丘吉尔表示反对。但在他自己讲述的领导力故事里他声称这样的问题从未出现，"后世认为值得关注的最重要的问题——我们是否应该独自战斗从未在战时内阁的议事日程中占据一席之地，我们太忙了，没有时间浪费在这种不现实的学术问题上"（引自《五月里的三天》）。

2011年，戏剧《五月里的三天》首演，剧中明确地叙述了丘吉尔暗中一度怀疑英国是否具备单独战斗的能力。他确实和包括内维尔·张伯伦、哈利法克斯勋爵、工党的亚瑟·格林伍德和克莱门特·艾德礼在内的其他战时内阁成员一起考虑过替代选择。如果丘吉尔做了其他选择，那他肯定就成了蠢货。然而他知道，作为故事讲述者，从不显露或承认对独立战斗必要性的怀疑是他"我是谁"领导力故事的重要组成部分。正是这个强有力的故事鼓舞英国人民直到今天都铭记"我们是谁"，并

故事效能

在1940年挺直脊梁为了"我们的共同目标"抗击希特勒，赢得战争的胜利。

丘吉尔说："真实在战争时期是如此可贵，我们只好用谎言去保卫它。""二战"期间的所有参战方无疑都在忙着欺骗，1942年5月，富兰克林·罗斯福说过他非常愿意说假话误导别人，只要有助于赢得战争。丘吉尔私底下的摇摆状态并未公开，而英国人民也想要信任领导者的自信心。但在21世纪，事情变得难多了。

我关注推特上的@UKMILOPS已经有一段时间了，这个账号的负责人是英国陆军少将尼克·蒲伯，他是国防参谋部的首席战略通信官，经常推送涉及英国军队的各种冲突。不同于温斯顿·丘吉尔向心腹普格·伊斯梅吐露内心隐秘的私人谈话，也不同于在战争艰难的岁月里一些人批判丘吉尔的秘密日记，这是一个和以往差别迥异的世界。丘吉尔不用考虑满天飞的八卦、24小时新闻、信息自由法和用推特来让英国人民了解情况的军事公关团队。

设想一下，如果温斯顿·丘吉尔和伊斯梅的私人谈话，以及他突如其来的幽默——用向纳粹扔瓶子的方式来保卫英国这样的话泄露到推特上，或者像发生在首相戈登·布朗身上的事一样——忘记关掉的话筒而暴露机密，整件事还被上传到网上，

第六章 创造真实

那么对英国的士气、纳粹的侵略和美国的支持造成什么后果呢？真实需要一定程度的隐私，这就是为什么在21世纪这个八卦满天飞的世界里很难伪造真实的原因。

> 相当直率的人

成功统治者以及你能想到的每一名成功领导者，确实拥有一定的表演能力和讲故事能力，这是不可或缺的核心领导技能。

约翰·肯尼迪不仅钻研措辞和辩论技巧，甚至还会重复说一样的话。1962年5月4日，肯尼迪借用西塞罗的"我是谁"名言——我是罗马公民，在新奥尔良发表演讲时说："两千年前，最骄傲的自夸是'我是罗马公民'，今天，我相信最骄傲的自夸是'我是美国公民'。"一年后，肯尼迪在冷战前线的西德发表演讲时修改了台词。这次他说："两千年前，最骄傲的自夸是'我是罗马公民'，今天，在自由的世界里，最骄傲的自夸是'我是柏林人'。"如果没有遭到刺杀，肯尼迪无疑会一直重复同样的话，也许在他的老家爱尔兰会说"我是都柏林人"。

让两千年前的名言在不同的听众面前焕发生机实际上是一种表演技能，它也是一种最令人难忘的讲述领导力故事的方式，西塞罗的"耳虫"已经叫了两千年了，肯尼迪似乎继承了这项本领。罗伯特·达莱克在他2003年出版的传记《约翰·肯尼迪：未竟一生，1917—1963》里表示，肯尼迪对外曾祖母的出身困惑不解，因为担任过波士顿市长的外祖父过去经常是在爱尔兰的哪个郡演讲时得到最多选票就会声称他的母亲来自这个郡。据说肯尼迪1960年的竞选对手理查德·尼克松在美国的每个州里都有一个姑妈，因为他在每个拉票的地方都会提到某个本地的亲戚。这些杰出的领导者知道，他们可以塑造甚至稍稍伪造一个"我是谁"的领导力故事，只要它看上去就像"我是柏林人"能呈现出一种领导者所声称的真实状态。

然而，如上所述，尽管托尼·布莱尔有时看起来好像一名讲述领导力故事的大师，为了吸引目标选民，他在公众场合说的每一个词都很考究，但随着首相任期行将届满，尤其是在入侵伊拉克之后，他的真实性受到了公开质疑。可悲的是，除了新闻界和保守党内，就连布莱尔所在的工党内都有评论家开始以怀疑的眼光重新审视布莱尔的执政时期和竞选时的承诺，正如那些批评过纽特·金里奇空洞无物和不择手段的评论家一样。他们开始将矛头对准布莱尔，发出了对现代政客最具破坏力的指控——表里不一。他被嘲讽为"假托尼"或"布骗子"，这是最具破坏性的一种"耳虫"。

评论家开始回顾布莱尔说过的那些最令人难忘的原声记录，

第六章 创造真实

他们想起布莱尔曾承诺严厉打击犯罪并追究犯罪原因（得益于阿拉斯泰尔·坎贝尔的帮助）；他的三个优先事项：教育、教育、教育；他声称为了改革公共服务而在背上留下了伤疤；他称赞戴安娜王妃是人民的王妃……这些引语每一句都准确地触及了公众当时的情绪。但有一个"耳虫"故事既体现了布莱尔在措辞上的天赋，又反映了一些人眼中"假托尼"缺乏真实性的一面。它削弱了选民对布莱尔领导能力的信任，严重损害了他的声望。

这个故事发生在《耶稣受难日协议》签署期间，作为北爱尔兰和平进程的里程碑，该协议的签署堪称布莱尔的一大重要成就。1998年4月8日，布莱尔在贝尔法斯特郊区的斯托蒙特城堡监督协议的签署。几十年来，北爱尔兰的各方——联合主义者、民族主义者和共和党人疲于应对谋杀和宗派仇恨，真心希望和平，但彼此之间仍心怀疑虑，担心遭受"出卖自己人"的指责。尽管如此，他们还是同意签署协议。布莱尔面对摄像机说："今天这样的日子不适合演讲，真的。可我感觉我们的肩头承担着历史的重任，我真这样觉得。"最懂得运用政治措辞的布莱尔，在这个他声称不适合演讲的日子里制造了完美的发言。这与布莱尔在《旅程》中的叙述明显矛盾，"用眼角的余光，我能瞥见哈哈大笑的乔纳森和阿拉斯泰尔"。

故事效能

就像丘吉尔为战争鼓舞士气而录制广播演讲一样，托尼·布莱尔对他正在做的事很有自知之明，他知道自己在讲故事，这才是真实的托尼·布莱尔，由沟通天才阿拉斯泰尔·坎贝尔辅佐的一名讲故事大师。聪明的布莱尔巧妙地在一个所谓非演讲的场合说了想说的话，他知道这句强有力的话会出现在全世界的新闻里。然后，他私下和顾问们就他的所作所为开了个玩笑，冲着那些知道内情的人点点头、眨眨眼。这种小尴尬同样展现了布莱尔的才华，尽管他总是饱受批评，但当时的大多数英国人对他还算友好。2003年入侵伊拉克之后，人们才重新审视布莱尔，"假托尼"的绰号开始广为流传。如今，布莱尔自传中关于伪造真实的部分——讲故事非常具有启发意义。多年来，伴随着三场压倒性的选举胜利，他和选民的联系——"我们是谁"不仅体现在生活得"和我们一样"上，还体现在有意识地了解我们如何生活上，这是他努力钻研的一件事。

下面是一个很有说服力的详细例子。他在《旅程》中写道：

> 随着选举的临近，他们决定我应该进行一次巡回旅行，和人们重新建立联系。和人们建立联系这件事向来有点儿暧昧，现代政治里，你必须假装过着普通人的生活，可你既不能也不会去超市购物、给车加油，或是去酒吧喝啤酒、搞恶作剧和开玩笑取乐。如今，每个人都不得不忍

Chapter 06 第六章 创造真实

受这种煞费苦心的伪装,首相能够并且应该做到上述的一切,否则他或她就是脱离人民,从而遭到最恶劣的批评。我没法告诉你我将走进多少家咖啡馆、炸鱼薯条店和购物中心……就为了显示我是一个普通人。这完全是胡说八道,因为在我进去之前,那里会由武装探员把守,店主要接受出于安全和政治考虑的询问,还有约20人的摄影工作团队在现场待命……

布莱尔接着详细叙述了2005年由于他和财政大臣戈登·布朗的争吵威胁到工党连任选举时上演的舞台真实。

"去那边买两个冰激凌,你自己一个,戈登一个,展现你们的团结和正常。"布莱尔的助手凯特·加维指着冰激凌车的方向说道。

"不!"布莱尔抗拒道,"太荒唐了,我们俩穿着西装,一个是首相,一个是财政大臣,这样哪里正常了?"

"只管去做。"凯特·加维气势汹汹地说。

布莱尔自然照做了。虽然他严厉斥责精心的伪装,但清楚地了解它的必要性和重要性。每一次大选前,为了进一步追求真实性,防止一些聪明的电视记者或选民使绊子,布莱尔的顾问团会坚持让他记住一份普通人在超市购买的日常必需品的价目表。

"我得看一遍日常用品的价目表,比如一品脱脂牛奶多少

故事效能

钱、一磅黄油多少钱以及一块羊肩多少钱,面包品种经常使我头疼不已,白面包还是黑面包、是不是全麦、是不是健康,仿佛我懂得这些,我就会去唐宁街附近的杂货店采购一样(不是说唐宁街附近有这么一家店)。可人们非常相信这种'联系公众'的方式,谁又能说他们错了呢?"

布莱尔对21世纪的领导力和故事力进行了准确的总结——它关乎气质、性格和态度,也关乎真实。

布莱尔精心炮制的"真实"原声一遍又一遍地在电视和广播上播放,在报纸上刊登,他和戈登·布朗分享冰激凌的舞台真实也经常出现在新闻节目中。起初,这些照片被用来表达布莱尔和布朗之间的问题没那么夸张,后来随着两人之间的分歧越来越大,它们表达的意义正好相反——证实了两名高层的虚伪,他们有时互相视而不见。布莱尔的内阁成员阿利斯泰尔·达林后来在他的自传中引用了布莱尔的话:"和戈登·布朗打交道通常就像不打麻醉进行牙科治疗。"因此,同一个"事实"——吃冰激凌既能用来支撑布莱尔的领导力故事,表明他是一个"相当直率"的人,也能在真相败露的时候展示对立故事的核心,也就是伪装和欺骗。

无论是真正的真实还是完美的伪装,无论在总统候选人的自传里还是在领导者希望我们看到的电视节目中,真实性都是

第六章 创造真实

21世纪政权的矿藏和圣杯。真实性帮助领导者和追随者、消费者或选民建立联系,只要有了它,即使领导力故事在事实上可能并不准确,看起来也像真的一样。一名领导者能侥幸不受错误事实的影响,甚至能侥幸不受公然说谎的影响,比如克林顿和莱温斯基的丑闻。如果追随者发现领导者和他的故事不真实的话,那么他就完了,托尼·布莱尔最后就是如此,尽管他颇具政治天赋。他的名誉至今未能从"假托尼"和"布骗子"的嘲讽中恢复,而且可能永远也无法恢复了。

领导力小结:

领导力故事追求真实,但真实可以伪造,有时候伪造是应该的,丘吉尔在"二战"期间表现出来的乐观就是合理且正当的伪造。真实不同于真相,只要听起来真实,即使那些听众怀疑完全没有揭示真相的故事,也能达到服务于领导者的目标。

追随力小结:

优质的领导力故事要让听众觉得真实,但也可以适当虚构。我们想知道多少?如果我们真的得知丘吉尔对能否存活的怀疑,英国还会在1940年拼命对抗希特勒吗?故事都是由故事讲述者塑造和编写的,追随者必须要知道这一点。

第七章　明星时刻

讲述自己的对立故事是一个非常聪明的技巧，美国演讲专家南希·杜瓦特称这种技巧为"明星（STAR）时刻"，因为它是让"他们永远记住的事（something they always remember）"。一些心理学家认为：有效的故事讲述会打破预期。我们需要惊喜，否则故事就失去了它的力量。本章，我们将研究领导者们"明星时刻"的案例，其中包括智利总统米歇尔·巴切莱特、秘鲁总统奥良塔·乌马拉和玛格丽特·撒切尔。最后，我们会以最有力的故事案例来结束本章——伦敦成功申办2012年奥运会。我们会看到，一个更好的故事讲述往往能影响输赢。

阿拉斯泰尔·坎贝尔是英国近代公共生活中最精明的沟通者之一，那他为什么要在会议上说他曾被描述为英国最邪恶的人呢?为什么会有人在公开场合对他自己进行最致命的对立故事攻击呢?坎贝尔在其他场合也讲过类似的故事,一个朋友对坎贝尔的看法很悲观,热心地向我转述了坎贝尔对极其多疑的商界听众讲述的一个故事。

坎贝尔说自己在伦敦的公园里慢跑时突然发现地上躺着一个意识不清的人,他过去帮忙,那个人逐渐恢复后,似乎认出了他。坎贝尔自我介绍说是托尼·布莱尔的秘书。"我认识你!阿拉斯泰尔·坎贝尔,我很讨厌你!"地上的人这样说道。

我的朋友同样擅长演讲,他非常赞赏坎贝尔用这个故事开篇的做法。他说:"听众笑得前仰后合。现在,好人阿拉斯泰尔可以接着演讲了,这个故事运用得太妙了!"坎贝尔消费自我的讲故事技巧体现了英国政坛的一种重要美德——自嘲,这同时也提醒听众关注坎贝尔在权力核心里的重要地位,以及他在重大事项沟通上的冷酷无情。用当时的行话来说,他是那种能责骂反对者的人。

彼得·古博在他的商业领导力图书《讲述铸就成功》中详细论述了坎贝尔所用的这种技巧:读过小说或看过电影的人都知道,一个无法让人惊讶的故事一出现就死了,同样的规则也适用于向商界听众讲述的故事。这种惊讶很微妙,也许是一个耸肩或一阵惋惜。并非每个故事都需要惊险刺激,但如果连一

Chapter 07 第七章 明星时刻

点儿惊讶也没有，那你就会失去听众的注意。古博引述了神经科学家和认知心理学家的话，他们声称好的故事讲述会打破预期。你头脑里有期望，我头脑里也有期望，我们坐下来吃早饭，我告诉你今早起床我到浴室里拿起牙刷挤上牙膏等，我们的期望完全一致，没有任何相反的地方。这很无聊，让人听了就忘，没有惊讶，它就不是一个故事！

认知科学家所说的期望和打破期望指的是一件事的发生打破了对它的合理预测。在《这就是你的音乐头脑》一书中，神经学家及前音乐制作人丹尼尔·列维京指出，伟大的作曲家和音乐家同样使用打破预期这一技巧，魔术师设置期望，然后打破它们，你完全不知道他们怎样去做或是何时去做，作曲家和魔术师一样。他列举了那些通过设置期望再打破期望从而使我们入迷的音乐，范围涵盖披头士、奇想乐队、斯迪利·丹、艾瑞莎·弗兰克林和卡朋特乐队的流行歌曲，以及贝多芬等古典音乐作曲家的作品。

在电影《难以忽视的真相》里，美国作家及平面设计师南希·杜瓦特帮助阿尔·戈尔提升他的讲故事技巧。杜瓦特将坎贝尔的玩笑话讲给他听，也就是修辞学技巧听说的"明星时刻"——他们永远记住的事（something they always remember）。看过的观众无疑都会记住坎贝尔的"邪恶"轶事，这是一堂大师沟通课。

"明星时刻"和我所说的"耳虫"并不相同,除了两者都令人难忘以外。当比尔·克林顿将自己描述成来自霍普的男孩或是撒切尔夫人的助手称她为铁娘子时,他们希望我们记住这些短语,并希望我们能理解它们在领导力故事中的核心地位——提醒我们领导者是谁、领导者是什么样的人的一句标语。然而,坎贝尔说自己邪恶,并不是希望我们这样看待他,而是借此揭示他的性格,包括他的自嘲,这才是他希望我们记住的。

> **集罪一身,降低预期**

高效的领导者很容易掌握这种技巧。智利首任女总统米歇尔·巴切莱特无疑懂得打破预期的必要性。我在2008年4月见到了巴切莱特总统,当时她的四年任期已过去一半,我非常好奇一名左翼女性如何能在以保守和大男子主义著称的智利政坛当选总统。巴切莱特解释说,她的当选得益于担任智利国防部部长的经历,期间她运用打破预期的技巧助长了自己的声势。

智利经历了多年动荡,1973年,美国中情局支持奥古斯托·皮诺切特领导的右翼军队发动了一场血腥的政变,他们推翻了民选总统萨尔瓦多·阿连德。皮诺切特政权杀害了很多智

第七章 明星时刻

利人,其中包括巴切莱特带有左翼倾向的父亲。巴切莱特告诉我,她对父亲的死感到非常愤怒和痛苦。进入政坛后,她知道作为国防部部长,控制和对付各个将军——那些杀害他父亲的人的继任者会是个难题。她在首次正式会议上自我介绍的方式令那些军队领导者大吃一惊——"我是女人,是社会主义者;我离过婚,是不可知论者;我集罪一身,但我们的合作无间。"

米歇尔·巴切莱特清楚地表明了自己的个人立场和政治领导力故事,她同时表现出了一种即使是一名智利将军也察觉不到威胁的幽默感。正如坎贝尔一样,巴切莱特在这个"明星时刻"说出了将军们可能会在私下议论她的最坏的话,并且通过总结对立故事而使它失去效力。巴切莱特告诉我:"世界各国政府,从土耳其到巴西,从希腊、西班牙、葡萄牙到印度尼西亚和萨尔瓦多,在21世纪早期的成就之一就是确保军队无法掌权,因为军队曾是这些发展中国家动乱的根源。"到了2008年,拉丁美洲全部实现了非军事统治。这是一个深远的改变,巴切莱特也为此做出了贡献。她说在棘手的开端过后,身为总统的她现在和智利军方指挥官的关系"很好",因此能在推动社会公平、正义的政治运动中展现出"女性化的一面"。

对智利来说,巴切莱特当选总统本身就是打破预期。她无疑知道人们会用不同的标准来评价女性领导者和她的领导力故

故事效能

事，因为她对我引述了智利报纸对她2008年访问英国的报道，其中提到了她在面见女王时的衣着打扮，他们是绝不会这样报道男性领导者的。"这只是时间问题。"谈到很多报纸和广播在报道女性掌权者时打破预期的异常做法时，巴切莱特这样说。

经过不可连任的四年任期后，巴切莱特于2010年卸任，当时她的支持率达到84%，如果智利的宪法允许的话，她很容易再次当选。在所谓男性为主的保守型国家里，她组建了一个部长半数是女性的内阁，将服务于低收入母亲的免费托儿所的数量增加了两倍，同时还推动了一项女性受益的养老金改革。之后她成了联合国妇女署的负责人，继续努力推进全世界的性别平等。

巴切莱特的领导力故事之所以引人注目，是因为她令人们惊讶，讲述了一个和人们的预期完全不同的故事。不同于一些女性领导者，比如萨拉·佩林的打猎故事或是撒切尔夫人的铁娘子神话，巴切莱特从未强调过领导力的所谓男性化特征。

"她与撒切尔夫人相反，没有采用由男性主宰的权力准则，而是去改变它们。在世界地图这一块土地上，小女孩想要当总统，谁也不会怀疑这样的可能。"智利《水星日报》评论员宝拉·埃斯科瓦尔·查瓦利亚谈到巴切莱特带来的变化时说道（《国际先驱论坛报》2011年3月30日）。预期继续被打破，事实

Chapter 07 第七章 明星时刻

证明这是领导者如何讲好故事的历史性经验。

秘鲁总统奥良塔·乌马拉使用的技巧和巴切莱特的类似，但用法相反。乌马拉是一名在秘鲁贫穷的原住民中间拥有坚实基础的前陆军上校，乌马拉也感觉到了拉丁美洲反对军政府和军队硬汉子的潮流，所以他在竞选总统时打破预期的方式是采用较为温和的政策。相比传统的军方官员，这些政策和巴切莱特这样的文人政治家联系更紧密，同时也注意通过故事来塑造形象。

当听说我正在制作一期有关他首次竞选总统的节目时，他一定要我们在安第斯山城集会结束后的深夜见上一面，并且要求拍摄他下棋的画面。作为军队指挥官，乌马拉希望看起来充满思想和智慧，而下棋是完美的拍摄对象。我们一边下棋一边进行采访，他赢了，并且答应在总统府和我再比一次。就像负责罗纳德·里根的迈克尔·迪弗一样，奥良塔·乌马拉深知图像创造"明星时刻"的能力。他下棋时安静的思考完全颠覆了一名拉丁美洲军官的刻板印象，这正是他希望全世界看到的信息。

对乌马拉这样的行动派来说，下棋是一种有效的策略。对于坐惯办公室的托尼·布莱尔、乔治·布什以及他的父亲老布什和戴维·卡梅伦来说，打破预期的做法恰好相反，他们乐意让人看见自己踢足球、打网球或高尔夫、骑自行车或钓鱼，对于小布什，则是在他的德州牧场清理灌木丛。领导者的经验告诉我们，做法可以不同，但打破预期的需求相同。

> 团结和分裂

玛格丽特·撒切尔的情况则截然不同。撒切尔夫人必须克服对女性领导者的常见的性别歧视——她们要么尖声喊叫、虚张声势，要么优柔寡断、犹豫不决。希拉里·克林顿深受前者之害，安吉拉·默克尔深受后者之害，而撒切尔夫人对两者都做了应对。她上了声音辅导课，改变她的发型和着装，同时不断致力于构建顽强不屈的神话，这将成为其领导力故事的核心元素。

然而，就连撒切尔夫人和她的智囊团偶尔也能发现打破预期的好处，给我们带来了一个反方向的"明星时刻"。在初次以首相身份入主唐宁街的当天，撒切尔夫人就公然照此行事了。虽然智囊团强调她顽强不屈的"我是谁"故事，但也担心人们会将她视作分裂者而不是团结者，这在1979年这样的困难时期足以摧毁她的领导力。

1979年5月4日，星期五，玛格丽特·撒切尔向英国呈现了一个杰出的明星时刻。她像训练过一样压低声音，站在唐宁街

Chapter 07 第七章 明星时刻

里轻声说:"在走进10号门的这一刻起我就清楚地知道等待着我的职责是什么,我会努力回报英国人民对我的信任和信心,并实现我的信仰。我只想牢记圣方济各的话,'哪里有混乱,哪里就有和谐;哪里有错误,哪里就有真理;哪里有怀疑,哪里就有信仰;哪里有绝望,哪里就有希望'。我认为这些话特别适合现在这个时刻。"

如果撒切尔夫人的尖锐和专横在你的意料之中,那么她对自己的这些不一样的描述则在你的意料之外。正如阿拉斯泰尔·坎贝尔和他的"邪恶"故事,以及米歇尔·巴切莱特和她直面"集罪一身"的领导力故事一样,玛格丽特·撒切尔不可能真的认为她能媲美圣方济各。毕竟,她喜欢战斗和摧毁敌人,将抱负视为人类最高贵的成就,而且看起来不相信有"社会"这种事物存在。

圣方济各是13世纪的意大利贵族,他放弃了奢侈的生活,在罗马圣彼得教堂和乞丐平起平坐,创建了方济各会和以贫困、贞洁、顺从、谦卑闻名的贫穷修女会,很少人会用这些词语来形容撒切尔的执政和领导。预期并没有被打破地十分彻底,但无论如何这确实是一个"明星时刻",至少对电视制片人来说,它呼应了梅丽尔·斯特里普在2011年对铁娘子的好莱坞式刻画。

> **伦敦申奥成功展现的故事力**

我想用一种完全不同的预期打破方式来结束本章,因为它展现了讲故事如何在交易或推销中发挥作用。既然这样,那就表明伦敦赢得2012年奥运会主办权这件事打破了很多本地市民的预期。这是一堂用故事力克服其他缺点的经验课,这里创造"明星时刻"并打破预期的不是一个人,而是一个城市——伦敦,伦敦的故事汇集了我们目前提及的很多经验教训。伦敦申奥市场总监大卫·马里亚诺亲切地告诉我申奥团队如何为了战胜巴黎、纽约和马德里而"编造"了一个故事,他承认这个故事似乎美化了申奥工作。

"伦敦撒谎了吗?"我问。

"没有!"马里亚诺掷地有声地说,"我们的故事是真的,它脱胎于事实,只是换了一种讲述方式。"

正如马里亚诺所言,故事不是自然发生的,它们出自人们的制造和塑造,或者用马里亚诺的话来说是编造。伦敦申奥团队在寻求讲故事的同时,也在寻找合适的讲故事人选。他们包括长期从事体育运动的英国王室成员安妮公主、前奥运选手塞巴斯蒂安·柯伊,以及当时(2005年7月)的世界政治明星、后来的首相托尼·布莱尔,申奥团队还拉到了伟大的国际英雄

Chapter 07 第七章 明星时刻

尼尔森·曼德拉的支持票。详细的计划确保了每个词语的正确使用（纽特·金里奇）、图片与故事内容的完美契合（迈克尔·迪弗），同时，针对赢得2012年奥运会主办权的目标、争取国际奥委会委员支持的策略以及正确组合影片、文字和故事讲述者的战术，申奥工作被塑造成了一个连贯的故事（阿拉斯泰尔·坎贝尔）。

为了确保伦敦看上去和听起来能从竞争对手里脱颖而出，申奥团队采用了我们目前在本书中探讨过的所有讲故事技巧。最终入围的5座城市——巴黎、马德里、纽约、莫斯科和伦敦将竞争国际奥委会委员的105张选票，每座城市的最终陈述时间不能超过45分钟。实际上，巴黎、马德里和伦敦是三座最有胜算的候选城市。大卫·马里亚诺和伦敦申奥团队知道，伦敦有许多缺陷、弱项和对立故事，包括已经办过两届奥运会，最近的一届是在1948年；缺乏高质量的运动设施；国际奥委会明面上评价伦敦的交通系统良好，马里亚诺承认这是奥运会对"垃圾"的委婉表达。在彬彬有礼的奥运界，没什么比"良好"更糟糕的了，所以，伦敦怎么可能赢？

唯有努力！陈述稿历经34次修改，尤其是马里亚诺花了几个小时思考"我们"这个词。故事的"我是谁"部分非常简单——伦敦。但在申奥背景下，"我们是谁"可以指代很多，伦敦和伦敦人，或者英国和英国人，又或者运动员和奥运选手，这里正是讲故事大师的用武之地。整个陈述过程中，塞巴斯蒂安·柯伊所说的"我们"指的是关注奥林匹克运动的所有听众，推广运动理念是伦敦和国际奥委会投票小组的共同事业。马里亚诺向我解释说："我们告诉国际奥委会，你们遇到了大麻烦，而我们可以帮助你们。"

"大麻烦"指的是怎样让全世界的年轻人喜欢上奥林匹克竞技运动。国际奥委会非常担心足球、篮球、棒球和橄榄球这些职业运动的吸引力，他们同样担心全世界的年轻人宁愿上网冲浪也不愿意花几个小时跑步或游泳。伦敦申奥团队充分地利用了这种担忧，他们在展示中反复重申，一名奥运冠军的诞生需要激发8名奥运决赛选手、200多名全国冠军、几千名运动员以及几百万个青少年。换句话说，伦敦故事的天才之处在于它讲述的根本不是伦敦自身，而是全世界的青少年。谁能拒绝这样的请求呢？

为了构建这个雄心勃勃的故事——宣称为全世界的青少年代言，马里亚诺和他的团队花了几个小时研究近几年申奥成功和申奥失败的所有案例。但令人郁闷的是，它们全都大同小异——它们不曾打破预期，反而倾向于陈词滥调的炫耀。巴黎、马德里、纽约和莫斯科展示的影片都拍得很好，交织着漂亮的

第七章 明星时刻

图片、航空摄影、悦耳的本土音乐和民众的心声,以此告诉我们这座城市是多么伟大。莫斯科的申奥特色是俄罗斯熊、马德里是弗拉明戈舞、巴黎是浪漫的法国音乐、纽约是多元族群,在刻板印象的海洋里,伦敦申奥团队打破了每一个预期。塞巴斯蒂安·柯伊没有回避伦敦已经举办过两届奥运会的事实,而是提醒国际奥委会委员注意1908年和1948年伦敦奥运会的巨大成功,这两年也是国际奥委会的困难时期。

塞巴斯蒂安说:"伦敦的愿景是触及全世界的年轻人,以激发他们去选择运动的热情。"

和其他申办城市的观光影片不同,伦敦的申办影片讲的是非洲儿童在贫民区的街道上乱扔石头,这时一辆警车经过,车里的警察皱起眉,观众认为这些孩子可能会惹是生非,然后,孩子们看到了一个电视片段,播放的是一名尼日利亚奥运选手赢得了赛跑冠军。在另一个片段里,拉丁美洲的一名男孩观看了骑行比赛,然后跳上了自己的自行车;俄罗斯的一名女孩目不转睛地看着电视上的游泳画面,决心开始训练;中国的一名女孩观看了体操比赛,然后出现在体育馆里。在展示的影片里,这些孩子全都变成了他们在电视上看到的运动员,寓意每个孩子的内心都拥有一个奥运冠军梦,以及体育改变世界。伦敦故事的天才之处在于除了作为对年轻人的一种激励,几乎没有提到伦敦本身。

"安吉尔是一名崭露头角的篮球运动员。"旁白说。

一个英国女生走上舞台，观众席里大约有30名她的同龄人，观众可以看到她脸上写着奥运荣光的梦想，还可以将这些梦想分享出去。马里亚诺告诉我："我们一直在找明星时刻，我们找到了。"

马里亚诺将这比作20世纪90年代美国"辛普森案"审判中，辛普森律师向陪审团展示的"明星时刻"，律师反复提到辛普森涉嫌谋杀分居中的妻子时所用的血手套，"如果尺寸不合，你们必须宣布无罪"。马里亚诺还援引了微软创始人比尔·盖茨说服潜在捐赠人支持抗疟运动的事例。他打开一个装着蚊子的罐子，任由它们飞向听众席，"没理由只有穷人才应该有这种经历"——被咬之后感染疟疾。蚊子当然不可能携带疟原虫，但这确实是一个令听众永远不会忘记的"明星时刻"。

马里亚诺说："伦敦申奥是经过精心设计的，当怀抱梦想的年轻运动员站上舞台并告诉全世界奥运会为什么很重要时，现场观众谁也不会忘记这一时刻。"

我问道："巴黎和纽约对年轻人肯定也有吸引力吧？如果国际奥委会有麻烦，任何一个有竞争力的城市都可能成为解决方案吧？"

第七章 明星时刻

马里业诺大笑,"并非只有我们能讲述奥运会如何激励年轻人选择运动这样的故事,但只有我们讲了这个故事。我的理论是,如果论点在最高层面上有点儿站不住脚,你可以在展示中弥补,只要你对每个观点的论证充分有力"。这意味着让国际奥委会了解有多少年轻人到伦敦学习、伦敦人对奥运会有多么热情,以及2012年伦敦奥运会可以让年轻一代爱上全世界的运动。

还有两个讲故事的技巧也促成了伦敦申奥的成功。一个是英国首相托尼·布莱尔出人意料地打破了人们的预期。所有申办城市都推出了各自的大腕,巴黎寄希望于法国总统雅克·希拉克,他也出席了新加坡的活动,逗留的时间比布莱尔长,并且在鸡尾酒酒会上"笼络"了一番国际奥委会委员。

布莱尔则采取了不同的策略,布莱尔认为在鸡尾酒酒会上笼络奥委会委员不是明智之举,因为只有十几名真正摇摆不定的委员才值得游说。为了笼络他们,希拉克不得不同时花费大量时间和精力与支持巴黎申奥的委员们交流。布莱尔没费这个心思,他在新加坡的鸡尾酒酒会上只露面了几分钟,随即离开,并进了旁边的包间。伦敦申奥团队挑选了少数几名他们想要打动的重要委员,依次询问他们是否想要和托尼·布莱尔私下会晤。他们感到非常荣幸和欣喜,尤其是当布莱尔谦虚地请教如何确保伦敦申奥成功的时候。布莱尔打破了预期,他没有笼络奥委会委员，而是让委员为他工作。

布莱尔在他的演讲录影中再次打破了预期。他以法语而非英语开场，又一个"明星时刻"。对讲法语的人来说，这给在座的所有人留下了深刻印象。接着，布莱尔引用了世界上少数几名真正的英雄之一尼尔森·曼德拉的话，他说自己想不出还有哪里比伦敦更能担负起共同的奥运使命——激励年轻人，并实现"我们的愿景是看到更多年轻人参与运动"。曼德拉所用的"我们"一词，无疑具有极其强大的力量。

伦敦讲故事的最后一个技巧是将政治问题变成个人问题。前奥运选手塞巴斯蒂安·柯伊讲述了他的"我是谁"故事，总结说："我们代表今天的年轻人、明天的运动员和未来的奥运选手，申请在伦敦举办2012年奥运会。"另一方面，巴黎的结束语则是：巴黎想办奥运会，巴黎需要奥运会，巴黎热爱奥运会。

伦敦申奥讲述了一个共同理想的故事，也讲述了一个世界性的故事，充满了出乎意料的"明星时刻"。尽管自称代表世界十分冒昧，而巴黎讲述的只是巴黎。伦敦以54票对50票战胜巴黎，赢得了2012年奥运会主办权，马里亚诺等人证明了故事的力量，并集结了我们目前在这本书里提及的所有原则和建议。他们用热情洋溢的语言解释"我是谁"——伦敦本身，然后将"我们是谁"定位为肩负着将运动推向全世界的奥委会，从而将

第七章 明星时刻

伦敦和那些关键的投票人联系起来。同时,他们还将他们的共同目标定义为激励全世界的年轻人。目标、策略和战术都非常明确,人们的预期被打破了。这部申奥影片没走寻常路,而是做出了全新的挑战,它讲了一个最好的故事,并且成功了。

领导力小结:

讲述有效的领导力故事,你需要通过打破预期吸引听众,在某种程度上要使得他们惊奇。为此,你可以自嘲,表现得幽默和谦虚,或者像伦敦申奥一样提出惊人的假设。

追随力小结:

我们在求职申请或演讲中都能使用米歇尔·巴切莱特这样的政治家或者伦敦申奥过程中采用的讲故事技巧。懂得幽默是好事,虽然我们大多数人最好要避开卡拉什尼科夫冲锋枪,但可以想一想听众永远会记住并联想到你的"明星时刻",即使那会是一个对你不利的故事。

08 第八章 推陈出新

自从1976年以来，民主党就从未赢过总统选举，罗纳德·里根对"里根派民主党"的超凡吸引力使得民主党人看起来不可能当选。"里根派"虽然是传统的民主党人，但却把票投给了保守的共和党总统候选人。里根时期的副总统乔治·布什承诺要继续进行一些人所谓的里根革命，民主党在一代人的时间里似乎注定要失败，为了获胜，他们需要变革。然而，一个政党或是一家企业如何才能在不吓跑现有支持者或消费者的情况下成功变革呢？一种方法就是有选择地利用过去的传统，同时找到一个新故事和一名新的故事讲述者，于是民主党找到了比尔·克林顿。

领导者总能认清新事物的力量。法国革命者实施新的历法，重新命名十二个月份，改革度量体系，引进新的公有制；凯末尔·阿塔图尔克通过禁止穿戴类似毯帽和头巾的旧式服饰，推广大多数欧洲人使用的新字母表和让土耳其的古代文明焕发新生机。然而，既然领导者公开宣称一切都是新的，那么根据定义，他必须同时为所有好事和坏事负责。更多的成功领导者会承诺不断革新，附加条件通常是他们仍然有权监督这些新鲜事物。

接管问题球队的足球教练和橄榄球教练经常会谈到一个新的开始，同时又向他们的前辈和俱乐部的伟大传统致敬；奢侈品品牌博柏利一直致力于在保持传统英国风格的同时，向包括各类名人在内的新一代推销产品；罗纳德·里根的继任者老布什通过使用这样的策略从里根的阴影里走了出来，布什认可前任总统的政治遗产，同时又承诺会带来一个更友善、更温和的美国，并点亮千万点光芒（喻指美国的志愿者组织和青年俱乐部），这是有布什特色的里根主义。

这一章里，两位讲故事大师将现身说法：一位是比尔·克林顿，他所在的"新民主党"遵循了富兰克林·罗斯福的新政和约翰·肯尼迪的新边疆政策；另一位是托尼·布莱尔，他所在的"新工党"仿效了克林顿们的做法。但我记忆中还铭刻着一个令人惊叹的例子，它与美国总统乔治·布什有关，很少有人注意到他的能力。2000年，布什成功竞选美国总统，当时他所在的共和党身处困境，很多评论家都认为民主党副总统阿

第八章　推陈出新

尔·戈尔赢面更大。乔治·布什在费城共和党大会上发表演讲时,我也在场。他那篇措辞优美的当选感言中反复出现一个重要短语,他没有使用"新"这个字,而是谈到了"富有同情心的保守主义"。我不明白布什到底是什么意思,于是转身求助站在我旁边的一位老朋友,他曾在白宫工作过,对共和党的那一套了如指掌。

我的朋友说:"富有同情心的保守主义,是布什扩大自己支持面的方式,他在称'新'的同时又提到了共和党流行的传统。"

"但它到底是什么意思?"我坚持打破砂锅问到底。

我朋友笑着说:"富有同情心的保守主义意味着,如果我们身上有什么你不喜欢的地方——任何地方,我们在改,我们和以前不一样了;如果我们身上有什么你一直喜欢的地方,我们还是那样。"

富有同情心的保守主义在美国大选中发挥的作用非常大,讲述领导力故事的诀窍是给人们提供一面新镜子,他们可以透过镜子看到喜欢的东西,同时悄无声息地摆脱过去。乔治·布什做到了,比尔·克林顿和托尼·布莱尔更是做得十分巧妙。

> 反败为胜

尽管克林顿活力十足，但假如你打听过1992年初期美国人对民主党或英国选民对工党的大体印象的话，你会听见相似的描述——失败者、大政府党、放荡者、太自由、不现实、头脑不够冷静、不足以应对现代政府的挑战。把这样的批评套用在美国人身上，你会找到在1984年的大选中败给罗纳德·里根的副总统"德国佬"沃尔特·蒙代尔、在1980年的大选中败选的卡特、在1988年的大选中输给老布什的迈克尔·杜卡基斯，英国的失败者是工党"党魁"迈克尔·富特。富特、杜卡基斯、卡特和蒙代尔都深陷于相同的对立故事，即他们和他们的政党一成不变。1984年，蒙代尔宣布他会提高税收，这是政治自杀；富特笃信单边裁军主义，但这个议题与20世纪80年代大多数英国人关心的问题毫不相干。那时候的选民从不会费心去多看一眼工党或民主党，直到克林顿出现。

他大胆地将新民主党尽可能推向保守的共和党政策，竞选期间，他直接返回阿肯色州签署了一项死刑执行令，左翼越是抗议，克林顿越是喜欢。克林顿没有像蒙代尔那样增税，而是承诺给中产阶级减税。他告诉美国人，作为一名南方人，他天生就比杜卡斯基和蒙代尔那样的北方人更加保守。在阿肯色州

第八章 推陈出新

小石城宏伟的州议会里,比尔的一名老朋友对我说出了克林顿成功的秘密。

他将两只胳膊从腰部向前伸,"这是民主党,"他挥着左手说,然后挥着右手说,"这是共和党。这两者之间的所有选票都值得争取。但你看,"克林顿在阿肯色州的伙伴保持右胳膊不动,然后尽可能将左胳膊向右移动,直到两只胳膊几乎碰到一起。"这是克林顿,他离另一边很近,所以获得了中间的所有选票。这就是他获胜的方式,每次都很管用。"

这是克林顿时代的领导力故事。他改变新民主党的基调和表达,将它推向中间派;他选择与左翼的对手开战,同时窃取右翼的政策;他改革福利制度的方式取悦了保守派。他在1995年借鉴了可能属于共和党的口号,声称"大政府时代结束了",同时又大力削减财政赤字。断断续续当过克林顿的政治顾问的迪克·莫里斯将克林顿的领导力故事称作"三角剖分",意思是克林顿天生善于调和左、右翼之间的差别,不愿意受那些传统派别的桎梏。像里根和撒切尔夫人一样,他不但占领了中间地带,而且对其进行了重新界定,正如他重新定义"正常的美国人"。

1992年11月,在罗斯·佩罗(同样号召"新政治思想",且获得了19%的选票)的帮助下,克林顿和他的新民主党以仅仅43%的支持率跻身白宫。他跨过了前两个栏杆,"我是谁"——

新型候选人;"我们是谁"——唯一幸存的超级大国国民、在冷战后寻求变革的美国人。这表示他现在必须要讲述一个新故事——我们的共同目标是什么,这是他遇到的大麻烦。

> **我真的承诺减税了吗?**

第一次真正的改变甚至在克林顿1993年1月宣誓就职总统之前就到来了,他放弃了给中产阶级减税的承诺。该承诺引起过选民的兴趣,使他得以和过去增税的旧民主党人区别开,但克林顿被迫改变了主意。他使用了马基雅维利在《君主论》中推荐的做法,雷厉风行地在总统蜜月期刚开始的几天里就展开行动。

1993年1月7日,离他在华盛顿的就职大约还有10天的时间,克林顿在小石城的州长官邸召集了他的经济团队,团队成员包括普林斯顿大学的经济学教授艾伦·布林德、后来成为财政部部长的华尔街千万富翁鲍勃·鲁宾,以及克林顿未来的预算主管和幕僚长里昂·帕内塔,里昂后来成为巴拉克·奥巴马政府的中央情报局局长和国防部部长。克林顿迟到了,他喜欢拖延的名声很快就和缺乏组织、不守纪律以及决策迟缓一起开始破坏他的领导力故事。

第八章 推陈出新

最终，他们讨论里根和布什时代遗留的财政赤字问题，当时大约是一年2900亿美元。艾伦·布林德发表了一场经济学演讲，内容与几个月前克林顿收到的美联储主席艾伦·格林斯潘来信大致相同，两人都认为克林顿的中产阶级减税政策会扰乱市场，债券市场的反应会很糟糕，这将导致利率上升，结果反而从中产阶级的口袋里掏钱，因为他们需要为抵押贷款和信用卡支付更多的钱。放弃给中产阶级减税，转而削减赤字将会解决债券市场问题，利率会下降，政府借贷成本会下降，分期抵押贷款和信用卡账单会下降。

有在场人士说克林顿气得脸都红了，"你的意思是，计划能否成功和我能否连任取决于美联储和一群该死的债券交易员？"

"是的，候任总统先生。"

记者鲍勃·伍德沃德在他的《议题制胜：克林顿白宫生涯》一书中报道了克林顿的发言："哪儿有什么民主党？我希望你们知道我们都是艾森豪威尔共和党人，我们正在和里根共和党战斗。我们代表低赤字、自由贸易和债券市场。这不是很伟大吗？"

这是克林顿领导力故事的关键时刻。他是新媒体时代里的新型领导者，他的"新民主党"在政治上占领了中间地带，虽说代价是采用了共和党先前用过的政策。克林顿决定放弃减税，稳定债券市场，这导致了十多年的经济扩张。

就职典礼上，鲍勃·迪伦和温顿·马沙利斯现身国家广场倾情献演，克林顿就一个美好光明的新世界的主题发表了演讲。就职典礼舞会充满青春和魅力，债券市场恰到好处地保持着令人兴奋的稳定，只要经济得到了改善，大多数人似乎并不关心是什么导致了政策的反转，有些人甚至傲慢地论及持续增长的"新典范"以及经济兴衰循环的终结。当然，21世纪爆发的旧式经济崩溃将会证明他们错了，但此时此刻的比尔·克林顿代表了新力量的胜利，这启发了全世界的中间偏左政党，其中以托尼·布莱尔和工党最为明显。

> 国王死了，（新）国王万岁

我想用一些惊人的"出新"事例来结束这一章，它们出自君主政体。君主政体是英国最古老的政体之一，拥有上千年的历史，它之所以能存续就在于成功地用高超的讲故事技巧赋予了自身新的活力。我在白金汉宫访问过高级顾问，他们显然了解目标、策略和战术的各个层次。他们的目标是确保君主政体的存续能成为国内和平、稳定的守护神，他们的策略是确保君主政体内总有能吸引众人视线的事物，他们的战术包括创造

第八章 推陈出新

"新传统"以及利用英国人笨手笨脚的名声,事实上他们行事时高效、有技巧,甚至冷酷无情。

英国君主政体的天才之处在于虽然改变不可避免,但君主政体真正重要的部分得以保持不变。还有另外两个机构也拥有这样的能力,即罗马天主教会和英国广播公司。这三个机构正如白金汉官的一名大臣对我说过的一样,"几乎能满足每一代人的每一种口味"。君主政体通过创造性的发展得以存续,但同时也在迎合人们尊奉传统的自然本能。皇室顾问创造、采用或美化传统,将之作为向英国人民讲述故事的一种方式,故事的讲述依赖固定的仪式,包括加冕礼、婚礼以及其他重大事件。

以下是查尔斯王子在1969年受封为威尔士亲王的官方记载,摘自威尔士亲王的网站:

> 1969年7月1日,威尔士亲王册封大典在中世纪的卡那封城堡举行,在4000名宾客的见证下,女王册封20岁的查尔斯王子为第21位威尔士亲王。城堡外和干涸的护城河里挤满了成千上万的观众,全球数百万人在电视上观看了册封大典。查尔斯王子9岁时,女王就已决定将她的长子封为威尔士亲王,随后,女王宣布册封大典将在王子长大后举办,以使他充分理解册封的意义。女王在仪式上授予查尔斯王子威尔士亲王兼切斯特伯爵的身份象征——剑、冠

冕、斗篷、金指环和金杖。这场历史悠久的仪式主要由城堡治安官斯诺登伯爵负责监督。

注意这个故事的讲述方式。历史悠久表明了仪式的真实性,而它也确实由斯诺登伯爵一手"导演",因为这是一场戏剧表演,也是一场高级的娱乐活动。仪式举行时,查尔斯已经是威尔士亲王了,我们看到的只是一场针对全世界"数百万个"电视观众的表演,这并非必要的宪法程序。

查尔斯亲王接受册封时说的话听起来仿佛出自莎士比亚之口:"我,威尔士亲王查尔斯,愿成为你的臣仆,献上我的生命和衷心,为你赴汤蹈火,与你同生共死。"若是将之换成比尔·克林顿在新罕布什尔州的发言就是"我会和你在一起,直到生命尽头"。

历史学家大卫·康纳汀在《传统的发明》中提到,英国广播公司自1932年起播送的王室新节目一经播出就成了"传统"。康纳汀把它称作"听得见的盛会",它随着电视的普及迅速变成看得见的盛会。康纳汀述发现了一个悖论,在20世纪和21世纪这个错综复杂、技术先进的现代化世界,这样的盛会实际上变得更受欢迎,因为讲述的故事看起来如此"传统"。在飞机、坦克和原子弹的世界里,剑、马车和羽毛帽的旧式庄严得到了进一步增强。

Chapter 08 第八章 推陈出新

到伊丽莎白女王二世加冕时,要求战后的新女王将传统与新时代结合起来的呼声十分高涨,以至于仪式上将会用到的马车根本不够。结果,如同康纳汀写到的一样,"事实证明,必须从电影公司再借七辆马车"。当然是这样,除了电影公司,讲故事的人还能去哪儿寻找物资呢?

女王加冕的照片或威廉王子和凯特·米德尔顿皇室婚礼的照片,看起来都完全真实而传统,但要让兼具真实性和传统性的故事更新自身以迎合每一代人的口味需要很多工作。英国人认为在某种程度上自己擅长这类表演,但正如康纳汀所言:"这种善用传统的能力本身就是一个虚构的传统,是又一个故事。"他引用了19世纪一位观察家的话,"维多利亚中期的英国王室并没有举办盛会和皇家庆典的能力,正好相反,我们的仪式上笼罩着邪恶的咒语,某些特征让它们看起来十分荒谬可笑"。康纳汀还引述了1852年《伦敦新闻画报》的报道,英格兰人据说是一个不懂表演、庆祝以及正确举办这些活动的民族。

我曾在"休战纪念日"和"不列颠之战70周年"等重要场合做过现场评论,这些活动的每个瞬间都经过了精心设计和严格把控。除了我说的话,精确的脚本会详细说明谁站在哪儿、谁在什么时间讲话、播放什么音乐及播放多长时间——精确到秒，阅兵或庆典的每一个环节都包括在内。

以1969年举行的威尔士亲王册封大典为例，讲台上方刻意设置成透明天幕，这样电视镜头就能透过它向全世界在转播新王储在"历史悠久的仪式"上的影像。就像德国啤酒以新鲜、新奇著称的同时仍遵循德国在16世纪颁布的纯净法酿造，英国的君主政体成功保留了传统的味道，并为每一代人调配出一款全新的口味。

2011年4月举行的威廉王子和凯特·米德尔顿的皇家婚礼，体现了白金汉官对故事细节和新事物管理的关注。婚礼前一个月左右的时间里，每天都有新闻提醒英国人民将要发生的事，这就好比正餐前的一系列开胃小菜。某天，白金汉官公开了米德尔顿家族的纹章，随之而来的是对婚服的持续炒作，然后是有关婚礼花束、婚礼音乐的故事，对凯特不会在婚姻誓言中"服从"丈夫的披露，以及米德尔顿家族的祖先是"工人阶级"的新闻等。这对镜头里的情侣"就像我们一样"，除了他们将来会成为国王和王后以外。正如王子哈姆雷特在评价丹麦官廷时说："一只麻雀的生死都是命运预先注定的。"白金汉官认真地排练"麻雀之死"，严格把控时间以达到最大影响，精雕细琢以结合新时代和传统（无论是否真实），然后将之切成一口就能吞下的小块"蛋糕"喂给饥饿的新闻媒体。

第八章 推陈出新

这种讲故事的方式非常有效，很多人甚至没有意识到它是一个故事，自我革新的同时又不忘过去，这一个最厉害的讲故事的技巧唯有真正的领导者才懂。正如《卫报》的一篇文章写道："他们（王室）曾被视为古板的不相干人物，身边围绕着可怕的欢呼。现在他们和体育明星一起闲逛，观看丹麦的罪案片，引领服装潮流，这场让王室看起来正常的运动称得上21世纪的公关革命吗？也许吧。"

领导力小结：

真正成功的领导者懂得改变自己的领导力故事以吸引人们的关注。比尔·克林顿尽管满身缺陷，却是一名政治天才，他改变了他的故事、他的政党和他的国家，政策也确实发生了改变。但它们只是克林顿战术的一部分，目的是强化"出新"的策略，从而掌握权力。托尼·布莱尔和许多领导者都吸取了他的经验，然而，管理"新事物"也很重要。一个方法是让人们知道这种"新"也根植于传统，我们可以在商业、职业和生活的其他领域采用同样的方法。要想有效地创新，领导者绝不能像波尔布特一样摧毁过去从零开始，而要像克林顿、英国王室或时尚品牌博柏利一样，根植于过去，不摧毁它。

故事效能

追随力小结：

作为追随者，我们必须提防那些标榜自己为"新"的人。他们也许确实提供了一些"新"东西，但这也是任何领导者都可以使用的最古老的讲故事策略，因为它非常管用。

第九章　故事辩论和声誉管理：如何反击对立故事

> 故事的目的是为了从情感上将我们和道德行为准则联系在一起。那些被认为是人类历史上最伟大的人物的事迹，基本上也遵循领导者讲故事时所使用的三段式技巧——我是谁？我们是谁？我们的共同目标是什么？

> 查理，你的士兵在哪里？

英国王室成员也面临反击对立故事的相似挑战，幽默或写自传的策略并不适合王室成员，但他们确实有一套自己的讲故事技巧。攻击女王及其直系亲属的合法地位是最具破坏性的反王室对立故事，正如攻击奥巴马不是美国人一样。这些对立故事认为王室的花销太大，象征着阶级制度，他们的跟班太多，他们贪婪、懒惰，不该存在于21世纪精英统治下的英国。

苏格兰、威尔士和北爱尔兰的反对派有时会称呼他们为

"英格兰王室",这种做法和剥夺奥巴马合法身份的企图相似。伊丽莎白二世的女王头衔曾经是这种英国特色的代表,从来没什么苏格兰女王或联合王国女王,只有英格兰女王。某些二流王室成员,或是像萨拉·弗格森这样的前王室成员为这些对立故事提供了完美的素材。王室的丑闻、离婚事件、商业交易、愚蠢表现,甚至是时尚或落伍的穿着打扮总会在英国报纸和其他国家的报纸上占据显要位置。随着媒体曝光威尔士王妃戴安娜离婚以及随后她去世的消息,又一个对立故事出现了。

温莎家族被称为世界上最著名的问题家庭,他们情感冷漠、自称公司,仿佛王室是一家企业。斯蒂芬·弗里尔斯将电影《女王》的时间背景设置在戴安娜去世之时,不仅抓住了王室家族的不协调因素,也抓住了他们的求生本能以及在这一重大危急时刻听取的精明的建议。

戴安娜去世后,争论的焦点之一是女王是否应该从苏格兰的巴尔莫那尔城堡返回伦敦的白金汉宫。女王最后确实返回了伦敦,但据当时和我对话的王室官员透露,她非常清楚地意识到,苏格兰也是王国的领土,返回伦敦可能会让她落入破坏性对立故事的陷阱——同为英国领土,但苏格兰不如英格兰重要,这是王室少数几次误判公众情绪的场合之一。为了避开一个对立故事——女王是英格兰的女王,他们陷入了另一个对立故

第九章 故事战争和声誉管理：如何反击对立故事

事——女王及王室成员是情感冷漠的问题家庭的成员，大众媒体上充斥着对女王的批评和粗鲁的意见。返回伦敦后，女工注视着放在白金汉宫外悼念戴安娜的鲜花，这个身影出现在各种媒体上。

回应臣民的情感和诉求是常见的王室领导力故事套路，也是许多领导者被视为国家化身的核心要求。而这种代表国家的使命也意味着王室成员要敏锐地察觉各种对立故事，无论它们多么微不足道或是冷酷无情，对声誉的管理都需低调进行。

白金汉宫的官员通常是从外交部和军队高层挑选出来的优秀人才，这些人经常会成为大使和将军。假装外行是他们讲述自身领导力故事的一个相当狡猾的技巧，就像美国特勤局那些受训为美国总统挡子弹的特工一样，王室大臣通常也时刻准备着替女王及其家人抵挡负面新闻的"子弹"。王室讲故事的技巧是女王陛下从不会出错，错的是她的顾问。这些顾问——被讽刺为幕后官僚、上流蠢货，当然也承担了戴安娜去世后未能立即反击对立故事的责任。但正如弗里尔斯的电影所示，女王起初很可能误判了公众情绪。无论如何，在君主政体极受欢迎的英国，王室讲述领导力故事时犯下这样的错误十分罕见。

对细节的低调关注，表明王室顾问在声誉管理方面的精明程度无与伦比，尤其是在帮助王室渗透联合王国这一点上。威尔士亲王、爱丁堡公爵、约克公爵、康沃尔公爵、罗思赛公爵等头衔是品牌管理的一个简单方式。安妮公主和苏格兰橄榄球队渊源很深，她的女儿嫁给了英国橄榄球队队长迈克·廷德尔。

几年前，我跟随查尔斯王子参加了在阿伯丁郡举行的各种活动，并和他就英国特质的重要性进行了简短的谈话。虽然我不能报道这次私人谈话的内容，但我可以说查尔斯王子在每场活动上都穿着苏格兰短裙，并且是每场活动上唯一穿着苏格兰短裙的男性。与身着巴基斯坦服装的真纳，或身着科萨传统服装的尼尔森·曼德拉相一致，所以在这个领导力故事里，威尔士亲王与苏格兰的联系不需要语言。

> 悲伤是我们为爱付出的代价

这种对细节和象征的关注在"9·11"事件之后更加明显。女王（至少我们知道的是女王）命令卫兵乐队在白金汉宫奏起美国国歌，这一幕令我一位久经沙场的纽约记者朋友泪流满面，也让我的许多其他美国朋友哽咽不已。现场照片被传送到世界各地，这几分钟的奏乐可能比伊拉克及阿富汗战役对英美两国特殊关系发挥的作用更大。

"悲伤是我们为爱付出的代价"，这是女王在格罗夫纳广场

第九章 故事战争和声誉管理：如何反击对立故事

美国大使馆外公园内举行的悼念活动上发表的一句悼词。后来我参加了一场在白金汉宫举办的社交活动，有人问一名高级王室助理，这句引人共鸣的话是不是女王自己想出来的。

"当然，"他对我眨眨眼说，"她总是自己想出最棒的措辞。"

是的，正如她命令卫队演奏美国国歌《星光灿烂的旗帜》一样，这是王室的传统，一名高级王室助理曾经对我总结过他对英国人王室情结中存在的主要矛盾的看法，他说："君主政体在理论上是行不通的，但幸运的是，它在实践中似乎有效。"

同样的道理也适用于罗马天主教会。我想补充的是，它同样也适用于英国广播公司。这名大臣解释说，他认为他的工作职责就是不断提醒我们关注正面的王室故事，关注君主政体的实践——婚礼和庆典、国事访问和议会开幕。同时避开理论问题，即在精英统治下的现代民主英国上演的有关阶级仇恨的对立故事。他补充道，英国君主政体的天才之处是在控制变化和保持连续性的同时，满足了所有人的期待。他告诉我："如果你不喜欢王室的这个领导力故事，那你肯定会喜欢另一个故事。"比如，查尔斯王子的标签是传统建筑、有机农业、环境保护；威廉王子的标签是兵役、迷人的母亲、年轻；安妮公主的标签是专业的体育成就；等等。反击对立故事的素材很多，至少有人是这么认为的。

> **摆平和镇压**

据说温斯顿·丘吉尔处理对立故事的态度与那些伟大的政治调解员别无二致,"镇压不了的话就摆平它,摆平不了的话就镇压它",现代的玛格丽特·撒切尔也采取了类似的做法。她会正面应对一些对立故事并摆平它们,但有时也会镇压那些说她坏话的人。至于其他对立故事,她摆平的方式要么是接纳负面评价并将之视为一种赞美,要么直接对保守党支持的报纸及其经营者施加压力。

她经历过惨痛的教训。1970年大选后,当时的首相爱德华·希思任命她为教育科学大臣,希思需要削减公共开支,于是撒切尔夫人决定停止向国家教育系统内7~11岁的在校儿童供应免费牛奶,这是一场灾难!多年来,报纸头条一直在讲述这个关于撒切尔夫人卑鄙、吝啬的对立故事,年轻的妈妈们和学生们一起抗议,高喊令人难忘的口号——"撒切尔,偷奶贼",这是一个不允许她忘记的破坏性"耳虫"。撒切尔夫人在自传里反思了这个可能摧毁她的对立故事,她说自己为了最小的政治利益招致了最大的政治憎恨。她得到的教训是,她愿意招致政治憎恨,但前提是为了最大的政治利益。她知道自己永远也不会人见人爱,因此她将全部的精力用于确保自己会得到普遍的

第九章 故事战争和声誉管理：
如何反击对立故事

尊重。

当她成为英国主要政党的第一位女性领导者时，顾问告诉玛格丽特·撒切尔，她的形象在选民和许多保守党人中很不受欢迎，他们认为她尖厉且具有威胁性。民意调查一再表明：比起"偷奶贼"撒切尔，选民更喜欢当时的工党首相"阳光吉姆"卡拉汉的性格。当我和吉姆·卡拉汉谈起这一点及他的政治生涯时，他微笑着承认，必要的时候他当然也可以冷酷无情。"阳光吉姆"在公开场合通常乐观迷人，但到1979年大选的时候，选民厌倦了工党，厌倦了工业不振，厌倦了似乎失去控制的工会，也厌倦了战后的共识和妥协，他们极度渴望改变。撒切尔夫人带来了新浪潮——女性领导者的新面孔，对政府、国家和工会提出了新论点并且推翻了战后共识。

撒切尔夫人的三次胜选以及入主唐宁街超过11年的成就很大程度上取决于她如何讲述个人故事、英国故事——"我们是谁"和国家故事——"我们的共同目标是什么"。她成功地将"偷奶贼"的标签和其他对立故事变成了优势，并代之以一个精心设计、引人注目的新领导力故事——她和她的政党是变革的代表。

撒切尔夫人身边围绕着自己的信徒，他们很崇拜她，是飞速发展的公关界里的最聪明的声誉管理者。这些人里包括广告人蒂姆·贝尔、萨奇兄弟，以及记者兼电视制作人戈登·里斯。

故事效能

里斯等人帮助撒切尔回答了"我是谁"——格兰瑟姆镇一个杂货商的女儿，领导力故事中的第一个问题，也是最重要的一个问题。这是一个完美的"耳虫"，充满了故事讲述的能量。它在一定程度上通过"否定"树立了撒切尔的形象，不是典型的保守党领袖，没有上过伊顿公学，没有贵族背景，完全不同于她的前任亚历克·道格拉斯-霍姆爵士和哈罗德·麦克米伦。这个故事里的她也不是"偷奶贼"，而仅仅是一个小镇上的杂货商的女儿。她节俭朴素、注重节省成本、了解牛奶价格，就像我们一样。

里斯建议撒切尔夫人允许媒体拍摄她洗碗的画面，展示她作为一名懂得如何平衡家庭开支的家庭主妇的形象，并由此引申出在内阁决定国家预算的场景，你很难想象麦克米伦和道格拉斯-霍姆甚至不知道怎么洗茶杯。这显然"打破了预期"，是最有力的讲故事策略。这个出人意料的举动反击了一部分对立故事，迫使人们重新审视保守党和它的"新领导者"。

事实证明，撒切尔制造的神话经久不衰。在好莱坞电影《铁娘子》里，梅丽尔·斯特里普饰演的撒切尔夫人就对丈夫丹尼斯（也可能是他的鬼魂）抱怨牛奶的价格涨到了每瓶49便士。即使老了，她依然节俭且富有常识。然而，有一个大问题连撒切尔夫人的公关专家都感到特别棘手，因为它根植于她的个人

09 第九章 故事战争和声誉管理：
如何反击对立故事

性格，她说话带着英国中上层阶级的拘谨腔调，有时听起来比女王还要颐指气使。

在面临压力时，身为首相的她表现得非常尖利。戈登·里斯聘请了一名国家剧院的声乐教练教她降低嗓音，同时让她摘下帽子，因为帽子让她看上去很土。1979年，她避开了和詹姆斯·卡拉汉的电视辩论，这不是因为里斯等人怀疑她的口才，而是因为他们明白尽管撒切尔夫人在辩论中表现出咄咄逼人的气势是一种优秀的领导素质，但可能会因为落入卑劣"偷奶贼"的故事陷阱而导致选民改变立场，而"阳光吉姆"卡拉汉只要面对镜头微笑几下，然后和蔼地点点头就能过关。

> 领导力神话

值得注意的是，里斯和其他顾问帮助这位新首相创造了过去30年里最成功的一大领导力神话，即玛格丽特·撒切尔是个坚强不屈、百折不挠的人。这在一定程度上是为了应对我们之前提到的性别歧视，即女性领导者总是犹豫不决、优柔寡断。纵观2010年以来的欧元区危机，德国总理安吉拉·默克尔在这一点上格外容易受到攻击。在战后德国及欧洲政坛建立的共识氛围下，德国领导者不可能发展出一个原则上不愿意谈判的领导力故事，响应希特勒和战争的危险呼声太多了。

但对撒切尔夫人来说，情况恰恰相反。由其团队精心打造的有关她坚强果断的传说与温斯顿·丘吉尔和斗牛犬之间的正面关联不谋而合。当保守党内有人要求她改变政策方针时，撒切尔夫人表现出了政治天赋。

她用一个自己的"耳虫"对立故事对他们进行公开反击，她将保守党内的反对派定义为温和派。在英国，温和意味着软弱无力、令人沮丧。用这个词定义对手的同时，撒切尔夫人也将自己定义为强硬派。那些指望她在1980年出任首相后改变政策的人被告知："你想改的话，就改……这位女士不打算改变。"这句话改编自《这位女士不打算燃烧》的剧本，由克里斯托弗·弗里在1948年创作而成。

这句话充满趣味、令人难忘，体现了撒切尔夫人的性格，但它是假的。这个出色的"耳虫"——"这位女士不打算改变"是精心制造的故事幻象。撒切尔夫人没有看过克里斯托弗·弗里的剧本，甚至没听说过他和他的剧本，在别人解释之前，她根本不懂这个笑话。这个"耳虫"是她的演讲稿撰写人、剧作家罗纳德·米勒创造的产物，它后来成了撒切尔自创领导力故事的核心，以此彰显她的坚强和决心，一出现就"扼杀"了有关性别歧视的对立故事。

Chapter 09 第九章 故事战争和声誉管理：
如何反击对立故事

安吉拉·默克尔绝不可能凭借这样的花招得逞，但玛格丽特·撒切尔做到了，她为自己创造了一个坚韧不拔、不达目的不罢休的传奇。就像尤里乌斯·恺撒一样，她也用第三人称"这位女士"来称呼自己，与著名的歌剧咏叹调"女人善变"遥相呼应。"这位女士"试图说服我们，她远非易变之人，而是政坛里一颗永恒的明星。而背后的真相更加复杂和有趣，撒切尔夫人确实经常表现得强硬无情，但她也确实听取了那些可靠的顾问私下对她提出的有价值的批评意见。她有时会改变主意，但在公共场合很少这么做。

她的顾问团从罗纳德·里根领导的共和党那里学会了如何组织活动并利用拍照的机会展示她的最佳状态，她是英国第一位使用提词器读取演讲稿的领导者，这让她看起来像在脱稿演讲。竞选期间，他们会告诉她应该在参观农场时抱住一头小牛，或是和丈夫丹尼斯一起遛狗（她其实没养狗），又或是爬进坦克里。她的顾问团知道，这些照片第二天就会登上每张报纸的头版头条，事实也是如此。正如温莎家族对细节的关注一样，他们不会给撒切尔领导力故事的管理或破坏性的对立故事留下一丝空当。对里斯等人来说，要把故事讲好，在于当撒切尔夫人出现时设置一个精确的蓝色阴影背景；在于政党大会上精心策划的演讲和漂亮的灯光照明；在于为支持撒切尔的保守党代表们提供带有当天信息的手举标语牌。

不管怎样，撒切尔夫人在私下对思想和争论持开放态度，而且有时确实会在具有深远意义的问题上改变主意，比如对于国民健康服务改革的激进提案；她放弃了强迫英国广播公司做广告的想法；在经济政策的某些方面也做了改变。但她在英镑是否应该随着马克波动的问题上摇摆不定，在财政大臣和私人顾问的意见之间犹疑不决，废除了引起街头骚乱、令人憎恨的"人头税"。

2011年，英国内阁文件按照30年保密期的规定解封。我们从中了解到，在1981年7月爱尔兰共和军绝食抗议期间，她两次授权相关人员与爱尔兰共和军取得联系，告知他们会让步到何种程度，但明面上她拒绝和恐怖分子谈判以及任何方式的调停。事实证明，爱尔兰共和军才是为独立而不改初衷的殉道者。

令人震惊的是，解密文件显示她甚至允许内阁讨论英国从北爱尔兰撤军的问题。考虑到1982年阿根廷入侵英国领土马尔维纳斯群岛之后的军事防御问题，未能拿下北爱尔兰，标志着近代史上最引人注目的一大政策变动。如果有关此类讨论的消息被泄露，可能会导致保守党分裂。这一切都源于这位不打算改变的女士，或者说，她讲述的故事就是为了告诉我们这些。

第九章 故事战争和声誉管理：如何反击对立故事

> ### 爱你的敌人

当时的一家外国报纸给撒切尔夫人取了个"铁娘子"的绰号，这对讲故事来说是一份无价的礼物，是一个全世界都能理解的口号，也是一个就连她的政治对手都不得不承认的事实。这家媒体创造了一个很有力的撒切尔"耳虫"，一个能引发共鸣、令大家难忘的标语。在英国国内，工会也在帮助撒切尔夫人创造神话，他们赞同她的自我评价——对待矿工罢工或限制某些罢工活动的态度不打算改变。因此，撒切尔夫人领导力故事的核心，正来自她在苏联的敌人、劳工运动和左派的对手，作为英国首相，还有什么可求的呢？

我们已经从巴拉克·奥巴马身上看到，还将会从戈登·布朗和比尔·克林顿身上探索更多细节。即攻击"我是谁"的领导力问题。

撒切尔夫人在处理对立故事时，从一个简单事实那里得到了不可估量的帮助，也就是从右派保守党到苏联，她的朋友和敌人对她的性格的精髓的看法相同。正如梅丽尔·斯特里普在电影里表现的一样，她一直被认为是"铁娘子"，即使在那些憎恨她的人心里。这意味着她的敌人通常只能瞄准领导力故事的第三个部分，即最不具破坏性的部分——我们的共同目标是什么，从这个方向指责她的政策错误或不利。

无论在哪个阶段，没有任何政治对手曾令人信服地讲述过一个有关撒切尔夫人本人的对立故事，最多的指责就是她徒有坚毅、节俭、刚强的虚名。法国总统弗朗索瓦·密特朗是个例外，他曾打趣撒切尔拥有玛丽莲·梦露的嘴唇和卡里古拉的眼睛，换句话说，她的女性气质对特定年龄的男性很有吸引力，但她的右派立场和一定程度的残酷完全破坏了这种吸引力。保守党经常称她是"我们当中最好的家伙"。

在著名的讽刺木偶剧《酷肖》里，她抽雪茄、穿着男款细条纹西装，并且站着小便，她一定非常喜欢这种恭维，剧中也表演了她和内阁成员吃晚餐时点牛排的场景。服务员问："蔬菜呢？"她看看沉默不语的同仁回答说："他们和我一样。"从讽刺作家到当时的苏联人，从旷工到密特朗，他们都承认撒切尔夫人的性格令人敬而生畏。

在布鲁塞尔举行的欧洲峰会上，我经常和撒切尔夫人的新闻发言人以及值得信赖的顾问伯纳德·英厄姆互相交流为什么英国总是跟不上其他欧盟国家的步伐。英厄姆说："首相认为是他们跟不上我们的步伐。"这反映了他自己的约克郡式幽默，也体现了撒切尔夫人特有的正义感。如果11个欧洲国家投票选择了一条路，而撒切尔夫人投票选择了另一条路，英厄姆会打趣

Chapter 09 第九章 故事战争和声誉管理：如何反击对立故事

撒切尔夫人担心其他11个国家会被孤立。

1990年，七国集团经济峰会在得克萨斯州的休斯敦举行。会后，撒切尔夫人同意就世界经济问题展开一系列的采访活动，我也因此得到了一个和她交谈的机会，我亲眼见识到了她的幽默和跋扈。在这种情况下，领导者通常扮演故事讲述者的角色，努力解释峰会为什么取得成功。（外交官会一脸冷漠地告诉你，峰会注定会成功。）

现场架起了两台摄像机，一台对准领导者，另一台对准一张椅子。好心分摊会议成本和费用的几家广播网派出的采访记者会陆续坐上这张椅子。这次我排在第二位。第一位采访记者来自竞争对手天空新闻台，他和英国首相交流了五分钟，然后在"铁娘子"面前紧张地走错了路。他没有带着他珍贵的新闻录影带离开，而是走进了采访室一角的死胡同，不得不经过摄像机以及首相和我身后的镜头走出去，这在电视界是一种非常严重的失礼行为。

我几乎立即就开始了对撒切尔夫人的采访，能感觉到天空新闻台的记者越来越焦虑，既然他被困住了，我就能在他之前播出采访录像。我看得出撒切尔夫人也完全领会了这种滑稽的情况，尽管我们都像什么也没发生一样继续进行采访。最终，我的对手已经急得满头大汗，判断他能走出房间的唯一方式就是趴在地上从首相身后的摄像机拍不到的地方爬过去。他开始行动了，像一条穿西装的大狗一样慢慢挪动身体。我问首相，在日元、美元和德国马克这三种强劲货币的基础上，全球发展出三大贸易集团，而英国和英镑却被排除在外，她从中察觉到了何种危险。撒切尔夫人谴责了所谓的集团主义，并结束了她的讲话。随后，她一秒不耽搁地转身对天空新闻台的记者说："看在上帝的份儿上，蠢货！快起来！"他照做了。

这就是真实的撒切尔，戈登·里斯将她塑造成了英国最杰出的一名领导者——专横、控制欲强、反应敏捷、严肃、不改变。而我们这些有幸近距离接触她的人都知道，当她利用每一个机会施展权力并拒绝忍受傻瓜时往往相当有趣。

还有一次，撒切尔夫人邀请我的一位熟人深夜喝上一杯。这段时间通常属于她最信任的人，比如伯纳德·英厄姆。我的这位熟人要了一杯杜松子酒。

"杜松子？"撒切尔夫人难以置信地说，"你最好来一杯威士忌。"

"但我不喜欢威士忌，首相。"

"好吧，杜松子酒没什么营养。"撒切尔夫人回答道，尽管最后她妥协地倒了一杯杜松子酒。

多年后，退休了的撒切尔夫人在2007年2月21日威斯敏斯

第九章 故事战争和声誉管理：如何反击对立故事

特举行的一场铜像揭幕仪式上再次展现了她精心塑造的顽固个性。她称赞了这件艺术品，然后打趣说："我更喜欢铁，但铜也还行，它不会生锈。"除此之外，她是近年来将故事讲得最成功的首相之一，也是善于摆平和镇压那些说她坏话的人。她的成功，得益于努力工作、听取批评意见，以及在必要时改变路线，又给人一种坚定不移的印象的做法。

领导力小结：

领导者必须反击对立故事，否则就会像我们即将看到的一样，被它们轻易摧毁。质疑领导者性格的本质，也就是"我是谁"问题的对立故事破坏性最强；而涉及政策，即"共同使命"的对立故事破坏性较弱。反击对立故事有不同的策略，幽默很管用，尤其是对奥巴马总统那样天生健谈的人来说。但就领导者而言，最重要的一点是要认识到哪些对立故事特别重要，然后毫不留情地反击它们，无论在何时。玛格丽特·撒切尔的团队和英国王室的顾问都是这方面杰出的专家。

追随力小结：

追随者会听到许多有关追随对象的故事和对立故事，因为这是领导力的重要战场，只有极其强大的领导者才能掌控这个战场，能够用幽默应对潜在的不利情况，比如巴拉克·奥巴马，或是能够在接受政策批评的同时坚持自己的个性，比如撒切尔夫人。这样的领导者很可能会成功地维持与追随者之间的信任关系，而这正是公信力的核心。

Chapter 10

第十章 刺猬和狐狸：
如何处理丑闻

> 丑闻不过是我们对领导者可能面对的最坏对立故事的称呼。

罗纳德·里根是我在记者生涯里采访的第一位美国总统，他和玛格丽特·撒切尔、托尼·布莱尔、比尔·克林顿的领导力故事是我一生中见过的最具争议性的故事，在去世后的很长一段时间里，他仍在制造分裂。2004年6月，我为英国广播公司电视台现场解说罗纳德·里根的国葬仪式，我当时说："鉴于里根曾两次以压倒性的优势胜选，我认为美国人民不会忘记他一贯的乐观精神和传达政治信息的简明手段，这一点没什么争议。"之后，我立即遭到了一名资深记者的非难，称我竟敢认为里根具备美国人民喜爱的可贵品质。欧洲有些人永远无法理解为什么里根如此受欢迎，也无法理解为什么在距其首次当选总统30多年的今天，他仍然和美国人民密不可分。

里根及其智囊团讲故事的方式和90年代的比尔·克林顿截

然不同，里根和克林顿之间的差异非常值得研究，因为它触及了同一个求生目标下两人不同性格的核心。两人均是丑闻缠身、逆境求生，对于二流故事讲述者来说，这些丑闻会摧毁他们的事业、声誉和政治遗产。

> "刺猬"里根

一位美国朋友曾经向我解释为什么很多英国人相信罗纳德·里根的对立故事，因为欧洲人对美国人总是一副高高在上的态度。他说："我们暗地里非常恼火，因为一个塞满那么多蠢货、胖人、笨蛋和文盲的国家竟然如此富裕和成功，而且远比他们自己的国家伟大。"

尽管里根并不胖，但在那些不喜欢他的人心里，他和对立故事的大部分内容相符。他们指责他愚蠢、漫不经心、好战、莽撞，是一个头脑简单、扮演美国总统角色的演员，是受那些利益集团操纵的傀儡总统。在这个对立故事里，里根就是白宫的阿甘。更准确地说，里根就是彼得·塞勒斯在电影《妙人奇迹》里饰演的那个"假高深"——昌西·加德纳，即使说了蠢话，也被追随者奉为智慧。

罗纳德·里根对自身领导力故事的描述则完全不同。在朋

第十章 刺猬和狐狸：如何处理丑闻

友和追随者眼中，里根是刺猬而非狐狸，这种说法来自英国哲学家以赛亚·伯林爵士在1953年发表的一篇文章。在《刺猬和狐狸》这篇文章中，按照古希腊诗人阿尔奇洛科斯"狐狸懂很多事，而刺猬只懂一件大事"的说法，以赛亚·柏林将作家、思想家和普通人分为狐狸和刺猬。克林顿无疑是狐狸，他渴求知识、刨根问底、记忆力非凡、能说会道、爱好智力挑战。表面看来，比尔·克林顿似乎没什么兴趣爱好，除了经常熬夜至凌晨两点讨论当天的热点话题；里根则截然不同，支持者认为里根坚持的大事是善恶之分，但批评者认为这种说法不仅简单而且过分简单。

里根代表着新时代。他承诺对经济进行"新"思考，提出了源自弗里德里希·哈耶克、米尔顿·弗里德曼等人的"供给经济学"。这意味着大幅削减公共开支（国防费用除外）、减税、缩减政府权限、对抗工会——从空中交通管制员工会开始，他们因举行罢工而立刻遭到解雇。里根在逆转"美国人拥护什么样的政府"这一政治共识方面也很有"新意"，该共识自1933年起持续了近50年，直到里根1981年上台，支持者称之为"里根革命"。但我们已经从其他领导者身上了解到，变革的产生需要诉诸过去。在里根的案例中，这个过去是西奥多·罗斯福的传统美国、顽强的个人主义和诺曼·洛克威尔式的理想化美国

故事效能

小镇；这个过去是报童一早将报纸扔进一幢殖民地时期老房子的门廊里，这样的老房子曾出现在里根著名的竞选广告上，尽管现实生活里在这种神话之地的美国人越来越少。如同英国王室的羽毛帽和载着女王的马车，里根讲述了一个关于美国的故事——我们是谁，他的同胞们极为喜欢。

对于本书来说，罗纳德·里根具体实施了哪些政策并不重要，重要的是他如何通过民主党控制的国会推动这些政策，如何通过讲故事以及在美国政界创造"里根派民主党"这一非凡的新现象迅速吸引美国人民。"里根派民主党"原本都是民主党选民，但改变立场将选票投给了罗纳德·里根，因为他描绘的美国愿景让他们感觉自在，这些选民通常是蓝领阶级或半熟练工人。芝加哥学者理查德·塞勒和卡斯·桑斯坦在他们颇具影响力的书《助推》里提到了自己的研究，这些研究表明：一个坚守自身主张、意志坚定的人能够获得他人的认同，这在里根、玛格丽特·撒切尔、甘地、伊恩·佩斯利牧师、尼尔森·曼德拉等不同领导者身上得到证实。塞勒和桑斯坦写道："经验表明，无论在私立机构还是在公立机构，坚定不移、毫不动摇的人都能推动集体朝着他们希望的方向前进。"

作为其中一个坚定不移、毫不动摇的人——"刺猬"里根于1981年1月开始了他的总统任期。1986—1989年期间里根的

第十章 刺猬和狐狸：如何处理丑闻

演讲稿撰写人克拉克·S. 贾奇在他为《克莱蒙书评》写的一篇文章里提到，里根有两位非同寻常的政治偶像，在他担任加州州长期间极为欣赏柯立芝的税率政策、预算削减政策以及由此带来的繁荣。当选总统后，他将柯立芝的经济政策奉为自身政策的榜样，还在白宫的内阁会议室挂了一幅柯立芝的肖像。他还挂了一幅德怀特·艾森豪威尔的肖像，因为他极为推崇这位被低估的总统。

贾奇写道："作为总统，艾森豪威尔对待媒体的态度很和蔼，有时甚至有些糊涂。然而面具之下，他精明、严厉、有干劲，措辞严谨、文笔高超……"贾奇引述了已有的研究成果：

> 早在几十年前，里根的演讲中就出现了军事建设与促使苏联解体相结合的概念。一名苏联官员总结里根的谈判风格时说："他拽着你的胳膊，将你带到悬崖边，然后请你为了人类的利益向前迈一步。"

他那慈祥的有时带些笨拙的态度掩盖了一种冷酷的能力，那就是以某些看似冷静、不具威胁性的方式向听众传达哪怕是最令人不快的信息。尽管这些听众在意识形态上反对里根的一切主张，就像这名苏联官员一样，他们知道自己可能已经站在悬崖的边缘，但里根的魅力始终令人无比安心。他的领导力故事围绕着冷静和庄重展开，毕竟，刺猬虽然看起来可爱，还有

故事效能

点儿迷糊，但它们会在遇到危险时变得易怒，在生存受到威胁时变得冷酷。

有些美国人热爱里根，有些美国人憎恨里根，但很多中间派开始将里根的身份和他的所作所为区分开来。里根是谁——他们喜欢和尊敬的人；里根做了什么——出台了不少具有争议性的政策，有些美国人对这些政策深恶痛绝。他们喜欢里根领导力故事的"我是谁"和"我们是谁"部分，但不喜欢"我们的共同目标是什么"部分，欧洲一些党派内的里根批评者们几乎从来没有搞懂这一点。

里根成功地从政策带来的不良后果里脱身，以至于《华盛顿邮报》的资深专栏记者，也是我在20世纪80年代进入华盛顿的引路人——民主党的玛丽·麦格罗过去常和我开玩笑说："里根讲述领导力故事的天才之处就在于和他自己领导的政府作对。"

> **魔法师的学徒**

罗纳德·里根用了很长的时间和训练才有了他所谓天生的或固有的讲故事的本领。曾经因为好莱坞演艺事业的衰退，他找到了一份在通用电气担任公司发言人的工作，每天要向十多

第十章 刺猬和狐狸：如何处理丑闻

名听众发表演讲。讲故事就像开飞机，无论你知道多少理论，都无法取代实际操作，你需要有足够的时间去练习开飞机（即讲故事）。

在通用电气任职期间，里根发现了现场观众对故事的喜好，他的每一次演讲似乎都像专门为听众定制的一般，即使那只是一篇重复了上千次的陈词滥调。在1984年竞选期间，白宫记者团面对里根烂大街的政治演说哭笑不得，因为记者们已经听过了几十次同样的话。"耳虫"折磨着这些人的神经，但里根在每个竞选站点都能让选民们听起来耳目一新，有时还会在一天内演说好几场。迈克尔·迪弗说里根从不会忘记听众中那些可能一辈子只有一次机会倾听美国总统演讲的人，他总会确保他要说的话听上去仿佛专门是为他们准备的一样。

学术研究表明：想要完成调查或得到帮助的商务人员，如果附上一张写着个性化非正式请求的黄色便笺纸，更有可能实现他们的目标。开展这项研究的社会学家兰迪·加德纳得出这样的结论：你提出的请求越有个性，越能得到他人的认同（引自《是！科学说服的50个秘密》）。那些听过里根演说的人，即使只是一大群人中的一个或是看电视的观众，也常常会感觉他的讲话是专门、精心为他们撰写的，这就是一张来自总统的"个性便笺"。

克拉克·贾奇引述了里根在加州的一个竞选站点接见盲童班级的故事：

> 记者离开后，里根留下来问老师孩子们是否愿意摸摸他的脸，老师说他们会非常激动。在接下来的几分钟里，未加宣传，孩子们用他们唯一能"看"的方式依次"看"他。

贾奇的用语"未加宣传"尽管准确，但也让人误解。讲述在"未加公开"的场合和"真实"的罗纳德·里根近距离接触的故事有很多，它们成了里根神话制造机的一部分，从中人们似乎能洞悉他的性格。里根团队知道，"未加公开"的故事特别强大，因为它表明领导者做这些事不是出于个人或政治利益。这才是领导者"真正"的样子。然后，故事就被"泄露"出去，每个人都知道了。里根是刺猬，始终都是。正因如此，他才能在1986年政府处于崩溃边缘时逃脱被弹劾的危机。

>"特氟龙总统"

我曾经问里根的前副幕僚长迈克尔·迪弗，为何美国公众总能原谅里根的错误，即使讨厌他的某些政策也会喜欢他。迪弗笑了笑，他认同里根是"特氟龙总统"的说法，坏事从来不会缠着他。迪弗说："美国人以及很多国家的多数人一般认

第十章 刺猬和狐狸：如何处理丑闻

为好脾气比高智商重要，比起某些高智商人才，他们更容易接受一名看起来值得信赖和喜欢的领导者。"退休大法官奥利弗·温德尔·霍姆斯也曾说过富兰克林·罗斯福智力二流，但性情一流。

里根的确是刺猬，他以同样简单的故事告诉美国人什么是他们国家的良善的本质。他在一次演讲中称美国是山巅上的光辉之城，是自由和美德的灯塔，美国人因此爱他如狂。他们没有思考罗纳德·里根寻求狐狸式的复杂解决方案和精微玄妙之处，相反，他们追求刺猬式的简单的真理——善恶之分，外加他的热情、真诚、幽默以及政策施行过程中始终如一、毫不动摇的方式。

当事实证明里根应对"伊朗门"事件负责，证明他的表里不一以及突然间在重大问题上的摇摆不定时，大多数美国人原谅了他。里根团队让美国人民相信，里根本质上是好的，只是出于爱国的动机——他想救回美国人质，这意味着他的下属要和讨厌鬼们做交易；他们想推翻尼加拉瓜的"危险"政府，这意味着要资助反革命分子。1987年，陷入困境的里根政府开始借助理查德·尼克松在1952年臭名昭著的"跳棋演说"和20世纪70年代"水门事件"中用过的方法。尼克松的方法包括三部分：否认、质疑指责者和敌对者的动机、告诉人们丑闻或对立故事对领导者及其亲朋好友造成了多大伤害。

里根团队之所以采用尼克松的方法，是因为里根的个人权威以及亲和力非常大，大多数美国人对此感到失望而不是愤怒。里根故事及其"刺猬"的简单性显而易见，对以他的名义干出的那些事，看起来他甚至和美国人民一样感到失望。在"伊朗门事件"中，美国人质疑里根的判断、能力和幕僚团，但从未质疑过他基本的正派作风，也就是所谓的良好动机，故事的力量保住了里根的总统地位。同样是保住总统地位，比尔·克林顿的方法则截然不同。

> 致敬首席故事大师

1998年12月19日，众议院按照美国宪法规定的方式启动总统弹劾程序，指控内容包括伪证、妨碍司法公正和渎职。弹劾克林顿的人声称：根据美国宪法，他在性问题上公然说谎的行为构成了"一级重罪和行为不端"。在美国历史上，唯有1868年弹劾总统安德鲁·约翰逊的诉讼与此类似。1999年2月，美国参议院判决克林顿无罪，这一判决符合美国公众的预期。民意调查显示：尽管选民谴责他的不当行为，对他的个人支持率极低，但仍然对他的工作给予了高度评价。《华盛顿邮报》的

第十章 刺猬和狐狸：如何处理丑闻

一项民意调查显示：就在莱温斯基丑闻爆发一周后，民众对克林顿的工作表现认可度仍高达67%！到1998年3月，克林顿的支持率达到70%，而最让他苦恼的人——独立检察官肯恩·斯达尔的支持率只有11%。不过，在议长纽特·金里奇的带动下，绝大多数共和党人对弹劾投了赞成票，随之宣布克林顿有罪。民主党内只有5名议员同意弹劾，但没人赞成定罪。克林顿遭遇重创，但并不致命，他继续担任总统，离任时比他在1992年当选时还要受欢迎。假如美国宪法允许的话，2000年大选中他能轻易取代乔治·布什连任总统。

然而，最大的问题依然存在，克林顿是如何做到的？作为20世纪最伟大的沟通大师之一，他是如何逃脱政治上的必然死亡的？无疑，他借助了故事的力量。当他的律师在忙着打官司的时候，克林顿和他的顾问在忙着准备更加重要的政治斗争——公众舆论。白宫发言人乔·洛克哈特是一名性情温和、知识丰富、彬彬有礼的男性，他向我承认对总统的所作所为感到震惊。像很多幕僚一样，他感觉自己遭到了背叛。但他和我见过的所有克林顿幕僚一样，能够区别看待一个不完美男人的愚蠢行为和右翼共和党人意图将曾经两次当选美国总统的某人赶下台的行为，他们视后者为一场政变，并且认为克林顿在总统职位上表现得很出色。

故事效能

正如我们所看到的，里根的"我是谁"领导力故事总是备受称赞，尽管他的某些政策，也就是"我们的共同目标是什么"常常遭人厌弃；克林顿的情况正好相反，换句话说，美国人能够区别看待克林顿领导力故事的两个部分，"我是谁"——行为不检的总统和"我们的共同目标是什么"——让美国强大繁荣。对于后者，克林顿执政下的美国似乎做得相当好。克林顿团队很快意识到，假如想要"死里逃生"，他们必须强调这部分故事，并且再次交代清楚克林顿到底是谁——忏悔的罪人。我们开玩笑说白宫实际上有两个比尔·克林顿，周六晚上的克林顿吹萨克斯管、外表酷炫、对女士毫无抵抗力；周日早晨的克林顿是南部浸信会的教徒，从未停止过请求宽恕。

为了制作英国广播公司的一档叫作《克林顿执政期》的系列广播和其他工作，我采访过很多克林顿团队的关键人物，其中包括政治顾问迪克·莫里斯。由于几年前的丑闻，莫里斯被逐出了克林顿的核心集团，这让几乎整个克林顿团队松了一口气，因为他们普遍看不起他，经常对他恶语相向。莫里斯深受憎恶，拨打克林顿的私人电话时，如果是秘书接电话，莫里斯总会说他是查理，以免激起克林顿团队的愤怒。即使是克林顿自己，也对这位私人顾问爱恨交织。曾经有人告诉我，他们上演过全武行，直到希拉里·克林顿过来劝架。

Chapter 10 第十章 刺猬和狐狸：如何处理丑闻

莱温斯基丑闻刚爆发，莫里斯快速做了一个民意调查，结果显示：大多数美国人认为倘若克林顿公然撒谎的话就应该被弹劾，多达三分之一的人认为他应该去坐牢。这样的结果意味着白宫会陷入恐慌状态，莫里斯敦促克林顿小心行事，这是他唯一的选择。尽量拖延，熬过足够长的时间好让公众忘记他们的愤怒和惊讶，他希望政治风向会改变。

那时，克林顿刚对莱温斯基的事说了谎，而且这个谎言挽救了他的总统任期。它平息了公众的愤怒，人们的看法也逐渐在改变。就像"伊朗门"丑闻的那些令人头脑发胀的复杂细节一样，大多数美国人对比尔·克林顿的私生活知道得越多，越是不感兴趣。新闻秘书乔·洛克哈特告诉我，他甚至开始欢迎媒体每天在白宫吹风会上进行狂欢，以及记者在提问环节的丑恶嘴脸。问题越龌龊，指控越恶心，洛克哈特越相信大多数美国人会为了自己而划清隐私的界限。

几个星期过去了，克林顿仍然大权在握，洛克哈特能感觉到情况在发生变化。与实习生发生关系以及公然撒谎的对立故事慢慢转变成克林顿团体多年来一直在讲的故事——这是右翼势力对总统的一次政治迫害，而这名总统非常成功，工作称职且连任了两届。几年后，托尼·布莱尔和我谈到了这段时期，他说自己完全震惊于克林顿对权力的集中和分散，虽然他周围

- 155 -

充斥着能攻击白宫的最不堪的丑闻。布莱尔非常敬佩地告诉，我克林顿仍专注于处理科索沃问题、世界经济和其他事务，这是真正的领导者。拖延时间的策略同样也让克林顿最棘手的敌人开始表现得不像独立调查员，而更像是一群肮脏的老男人。

拉瑞·弗莱恩特写道："联邦调查局将莱温斯基裙子上的精斑和总统的血样进行比对，克林顿别无选择，最后只能在斯达尔的陪审团面前坦白。1998年8月17日，陪审团观看了克林顿在白宫地图室接受讯问的闭路电视录像，富兰克林·罗斯福曾经在这个房间里标示盟军进攻轴心国的路线，而克林顿必须回答一些非常难以启齿的问题。"

但眼前的危机正在过去，民众的愤怒正在冷却。那些最接近克林顿的人——最了解他的幕僚和朋友原谅了他。值得注意的是，在莱温斯基事件中，克林顿的内阁或幕僚没有人辞职，他的婚姻和家人也没有"辞职"。希拉里·克林顿和他们的女儿切尔西经历了一段可怕的时光，但她们同样明白这场战争的性质。正如1992年面对珍妮·弗洛沃斯所做的一样，希拉里·克林顿准备支持她的丈夫，这一次她出现在马特·劳尔的《今日秀》节目里。克林顿夫人讲述了一个对她丈夫的"存活"至关重要的故事，"看看那些参与其中的人，克林顿的指控者竟然挖掘出如此隐私的细节。对于任何愿意寻找、记录和解释的人来

第十章 刺猬和狐狸:如何处理丑闻

说,这样的故事经常上演,那就是自从我丈夫当选总统之日起,右翼势力就一直密谋反对他"。克林顿夫妇使用了十年前里根团队用过的策略,其基础是理查德·尼克松处理丑闻的三步法:第一步,否认;第二步,中伤指控者的动机;第三步,说这一切对你和你的家人造成了多大的伤害。丑闻缠身的各类领导者早就发现,将丑闻斥为敌人的阴谋是领导力故事中一个非常有用的技巧。

最令人震惊的是,西尔维奥·贝卢斯科尼经常将尼克松、里根和克林顿的方法告诉意大利人,所有针对他的指控都是假的,它们是包括记者、地方行政官和政治对手在内的左翼势力制造的阴谋,他觉得这些阴谋很伤人。罗纳德·里根的支持者猛烈抨击"自有媒体精英"的阴谋,说他们是指责美国第一而不是把美国放在第一位。因此,希拉里·克林顿所谓"右翼势力的阴谋诡计"是一个极具感染力的故事,不仅帮助克林顿扭转了局势,也展示了她对丈夫的忠诚。

反击对立故事的战斗正式打响。拉瑞·弗莱恩特称斯达尔报告比克林顿做过的任何事情都更加堕落和可耻,后来弗莱恩特突发奇想,悬赏百万美元征集包括国会议员在内的非法性关系的证明文件。不到一周,第一宗对立丑闻就曝光了。

> 人人喜欢赢家

　　1998年11月的中期选举中,纽特·金里奇领导的共和党改革者希望民众强烈抵制克林顿,然而,民主党赢得了席位,这对一个已经执政六年的政党来说是相当惊人的。共和党的失利令人震惊,金里奇被迫辞去了众议院议长一职。谁能料到,克林顿保住了总统位置而他却丢掉了工作,更糟糕的事情还在后面。

　　正如拉瑞·弗莱恩特在《欲望白宫》中所写:"1998年12月,国会议员鲍勃·利文斯顿被宣布接替纽特·金里奇的议长职位时,我接到报告说利文斯顿和包括一名国会工作人员在内的许多女性都有暧昧关系。"拉瑞·弗莱恩特的声明造就了共和党领导层的又一个牺牲品,1998年12月19日,利文斯顿从国会辞职,共和党的第二任议长在几天之内就完蛋了。就在同一天,美国众议院对比尔·克林顿进行了弹劾。国会充斥着虚伪的气息,以谎报私生活的借口弹劾总统的议员中有很多都是通奸者,这让美国民众嗤之以鼻。1999年2月12日,参议院进行了投票表决,克林顿被宣告无罪,尽管他公然撒谎。

　　参议院多数党领袖、共和党人特伦特·洛特对此完全无法理解,他说:"我在职业生涯中遇到的政治事件,只有两三件我至今仍不能理解,其中之一就是明知道克林顿做过什么、说过

第十章 刺猬和狐狸：如何处理丑闻

什么以及给政府蒙上了多大的羞耻，但美国人民在整件事中仍然继续支持他。我还是认为历史需要解释美国人民为何会抱有这一切都没问题的想法。"

特伦特·洛特只是无法理解克林顿讲述的故事对这一代美国人的影响，他们适应了新道德和新媒体，比起克林顿危险的暧昧关系，更愤怒于政客的虚伪。由于拉瑞·弗莱恩特比很多国会议员更清楚地洞察了这场危机的解决之道，我便向他请教对此事的分析。弗莱恩特对我说："克林顿的私生活事关公共利益。当你变得非常成功时，你就放弃了隐私权，这是成名的代价。那些为此抱怨的人不值得关注。"因此，克林顿是曝光的合适对象。弗莱恩特还说："政客拥有一个巨大的自我，他们通过征服来满足这个自我。但弹劾克林顿是错误的，因为每个人面对性都会撒谎。"弗莱恩特最后总结道："美国人不再厌恶谈论总统办公室发生的那些龌龊事，他们知道很多总统都有婚外情，包括美国历史上的某些英雄人物。对比尔·克林顿的弹劾之所以失败，是因为美国人认为他们的总统在工作方面干得很好。"

到2001年1月克林顿卸任时，他的支持率堪比约翰·肯尼迪遇刺后的支持率。拉瑞·弗莱恩特认为保守的共和党人没有意识到他们已经输掉了20世纪60年代的文化战争。他告诉我："声望成就你，人品挽救你。人们总是在性的问题上撒谎，克林顿的谎言只是一种自我保护。"

面对丑闻，如果罗纳德·里根的人品得到了大多数美国人的信任，那么比尔·克林顿的人品则得到了大多数美国人的理解。那个"周日早晨的克林顿"用以前经常用的方式结束了总统任期——承认错误、羞愧忏悔，然后是没完没了的道歉。他首先向妻子和家人道歉，丑闻期间，希拉里·克林顿备受同情，很快就占据了民主党在纽约参议院的空缺席位，被看作是总统候选人，然后向白宫幕僚、他的内阁和美国人民道歉，克林顿还寻求基督教牧师的宽恕。

到2010年5月，也就是他离任后的近十年，克林顿仍然很受欢迎。为了筹集资金偿还妻子在2008年与巴拉克·奥巴马进行总统竞选时所欠下的债务，他甚至将自己当成抽奖的奖品。参与者花上5美元抽奖，中奖者将会得到一个和克林顿共度一天的机会，很多人想要这个机会。

> ### 故事讲述者的状态

狐狸和刺猬的使用适合不同时代、类型丑闻的不同讲故事技巧。里根从非善即恶、非黑即白的角度看待冷战世界，作为冷战后当选的克林顿则可以从灰色地带的角度看待世界以及被

Chapter 10 第十章 刺猬和狐狸：如何处理丑闻

世界看待。他们的共同之处在于都能够通过讲故事连接美国人民，因为自己的错误而备受指责却并未被摧毁。事实上，针对他们的指控太过复杂，人们从来没有完全搞清楚是谁掌握了道德高地。两人都因此而受益，都出色地完成了领导者看起来"就和我们一样"的表演伎俩——里根用他的狗、虚弱以及乐观幽默；克林顿用他的坏男孩做派、令人唾弃的矫揉造作和无限的悔恨，最重要的是，两人都使用了相似的讲故事技巧。

曾在伦敦皇家宫廷剧院工作过一段时间的戏剧导演基思·约翰斯通能帮助我们了解一点儿里根和克林顿在讲故事方面的天赋，约翰斯通强调状态转换，并以此改变了表演教学方式。约翰斯通非常着迷于顺从和支配的观念，这一观念来自德斯蒙德·莫利斯关于动物学的著作。因此，他指导表演系的学生按照1到10的等级扮演角色，1代表最具顺从性，10代表最具支配性。他还告诫学生不要集中注意力、不要思考、平淡表现、别太聪明。

在这个1到10的等级里，里根和克林顿都是5。为商业领导者以及潜在商业领导者提供媒体培训的英国演员大卫·吉莱斯皮举例说："等级为10的支配者是在军事表演中指挥霰弹枪向空中开火的萨达姆·侯赛因，处于权力巅峰、无人挑战的独裁者；等级为1的顺从者则是被从地下掩体挖出来受辱的萨达姆·侯赛因,照片中他穿着内裤,嘴里戳着美国医生戴着橡胶手套的手指。等级为10的支配者是会在议院首相问答期间驳倒反对派的玛格丽特·撒切尔,等级为1的顺从者则是在卸任离开唐宁街时流泪的撒切尔夫人。"

提到沟通者的完美状态——处于中间的第5等级,吉莱斯皮及其他和我讨论过政治领导者的演员都锁定比尔·克林顿,他热情、和蔼可亲、平易近人,既不支配也不顺从,我们在罗纳德·里根身上也看到了相同的品质。基思·约翰斯通所说的"状态"定义了讲故事者和听众之间的关系。里根和克林顿,一个是"刺猬",共和党和右翼政客;一个是"狐狸",民主党和左翼政客,他们似乎没什么共同点。但在真正重要的问题上,他们完全相同,即作为讲故事大师,他们知道如何处理丑闻。

领导力小结:

丑闻是最糟糕的对立故事。处理丑闻时,性格比智慧重要,目的是存活,策略和战术则因领导者而异。关键是要用领导者的品质和个性吸引听众或选民,从而让丑闻看起来不符合领导者的品质(里根),或是在品质显而易见的情况下无关于领导者的整体表现(克林顿)。

第十章 刺猬和狐狸：如何处理丑闻

追随力小结：

作为追随者，我们需要考虑我们有无根据行动、品质或两者兼而有之来评判一名领导者。美国选民知道罗纳德·里根其实并不太在意政策细节，因此在"伊朗门"事件公之于众之前，他对此一无所知符合他给人的印象。同理，比尔·克林顿对女性的兴趣并不令大多数美国人惊讶，尽管细节骇人听闻。丑闻的关键问题在于行为是否出错，如果错了，至少动机无可厚非吧？如果行为错误，动机也可疑的话，比如克林顿的情况，那么它是我们的事还是领导者与最亲近之人的私事呢？

第十一章　教训：不该做的事

本书呈现的主要是正面案例，我们从世界上最伟大的故事讲述者身上学习经验，显然它们往往都属于胜利者。这一章我们谈一谈失败者，我们可以从那些大错特错的主角身上学到很多东西，正如我们可以从《弗尔蒂旅馆》里的巴兹尔·弗尔蒂身上学习如何防止一家旅馆倒闭。这些失败的领导者中包括英国石油公司的托尼·海沃德、苏格兰皇家银行的弗雷德·古德温爵士和英国前首相戈登·布朗。

我们早已发现，历史是胜利者讲述的故事，胜利者往往善于使用我提过的很多方法来宣传他们的故事和攻击敌人的对立故事。至于失败者，他们被认为犯下了各种各样的判断错误，但正如我们即将看到的一样，在有些情况下，如果他们能更好地讲述故事，结果可能会变得大为不同。罗纳德·里根和比尔·克林顿都犯了严重的判断错误，但他们能够讲述一个令人信服的领导力故事，这让他们在离

> 任时甚至比首次就任总统时更受欢迎。相反，以下的案例则表明了什么是不该做的事。

我刚开始采访政治、商业、军事及文化领域的领导者时，我认为他们中的一些人妄自尊大，而现在我倾向于认为他们通常自以为自己很有能力。全世界在政治上活跃的人都习惯于用"主义"来思考问题，他们根据如资本主义、保守主义、环保主义、无政府主义等词对政治、政治家与其他领导者进行分类，但他们很少讨论一个超越其他主义的主义：自我中心。

我遇到过的第一位重要政治家是伊诺克·鲍威尔，他在晚年以乌尔斯特联合主义者议员的身份来到北爱尔兰，他经常说政治家的生涯无不以失败告终，但就像很多言必称"我"的人一样，鲍威尔其实在把他自己的经历套用到整个人类头上。作为他那个时代一名伟大的知识分子，鲍威尔想要凭借移民问题夺取保守党的领导权，结果毁了他的政治生涯。他输掉了这场赌博，最终以南唐选区相对不受欢迎的乌尔斯特联合主义者议员的身份结束一生。

相反，那些最受爱戴的领导者就像杰出的演艺人员，他们选择在观众还想看更多的时候退场。比如约翰·肯尼迪，如果他活到总统任期结束的话，你很难相信历史会像今天这样友善

第十一章 教训：不该做的事

地赋予他浪漫主义色彩。1963年，肯尼迪的顾问认为他可能会丢掉至关重要的得克萨斯州选票以及1964年的总统职位，故而安排了一趟竞选之旅，结果他在达拉斯遭到暗杀，悲剧的结局和我们心目中他是提前离任的感受让肯尼迪至今仍广受爱戴。

那些失败的领导者如果能从诗人雪莱的十四行诗《奥兹曼迪亚斯》中吸取教训的话就不会如此了。

> 我遇见一位从古国而来的旅人，
> 他说，沙漠里立着两条巨大的石腿，
> 旁边的沙地里半掩着一张破碎的石脸，
> 皱着眉，抿着嘴，俨乎其然。
> 可见雕刻者全然理解那些情感，
> 它们至今仍在石头上栩栩如生，
> 而那雕像的人早已逝去。
> 再看基座上浮现的这些话语：
> "我是万王之王，奥兹曼迪亚斯，
> 人人仰望，功若丘山。"
> 此外，再无一物，
> 废墟四周，唯余黄沙无言，
> 寂寂地伸向天边。

英国《金融时报》记者露西·凯拉韦非常清楚地阐述了商

业领导者奥兹曼迪亚斯的倾向。2011年7月,凯拉韦记述了商业领导者在被问及个人优、缺点时给出的回答,凯拉韦发现他们经常选择失败作为缺点,并借此重述他们的基本优势,而不像某个滑稽的独角演员那样开玩笑说自己唯一的缺点就是太谦虚了。

从2010年初开始,《金融时报》在18个月里向60名商业领导者提问了20个问题。其中有一个关键问题是,你最糟糕的3个缺点是什么?涉及描述他们的黑暗面,60名领导者中有58名都遵守同一个法则——完全接受任何一个缺点,只要它在本质上是优点。他们几乎都提到了缺乏耐心、追求完美和要求过高,这些对于未来的首席执行官来说其实都是优点。特别有趣的是,在表达虚假的缺点方面,男女之间没有区别,美国人和欧洲人之间也没有区别,所有人都一样糟糕。

在过去15年的研究中,我列出了7个最常见的致命缺点:

(1)控制狂。

(2)自负。

(3)犹豫不决。

(4)听不进别人的意见。

(5)专横霸道。

(6)害怕冲突。

第十一章 教训：不该做的事

（7）不会闲聊。

考虑到60名采访对象中的多数人至少可能具备上述缺点之一，那么为何没有人爽快地承认呢？第一种可能是因为他们不敢，但我怀疑真正的原因更糟——他们对自身的缺点一无所知。多年的心理教育、辅导和360度反馈评价没有起到作用，最基本的事实仍未改变——人们从来不向权力说真话。这种对缺点的否认令人遗憾，我们更喜欢暴露自身缺点的人，这让他们看起来更加人性化。

这类犯错者远不止商业领导者，但如果大企业陷入困境，腐烂的恶臭就会很快包围"巨大的废墟"，因为很多下属同样害怕告诉"万王之王"自己把事情搞得一团糟，英国石油公司和苏格兰皇家银行就是两个明显的例子。

> 英国石油公司：大问题

自从2010年4月20日深水地平线钻井平台爆炸及石油泄漏到墨西哥湾的那一刻起，石油巨头英国石油公司和老板托尼·海沃德就一直在挣扎。尽管追责还将持续数年，但我们至少能在英国石油公司处理泄漏的过程中发现凯拉韦指出的商业领导者7个致命缺点中的数个。在这场石油行业史上最大的海上漏油事故里，有11人遇难、17人受伤。2010年7月15日，在泄漏了将近500万桶石油后，井口终于被封住了，漏油宣告停止。到2010年9月19日，美国联邦政府宣布油井"死亡"。

在这几个月里，英国石油公司一直试图堵住漏洞、停止污染、清理泄漏的石油，将政治影响及经济损失降到最低。然而，我们要提醒自己阿拉斯泰尔·坎贝尔的黄金法则——他们的核心目标是什么？一位华盛顿的律师曾告诉我："假如法律对你不利，那就说事实；假如事实对你不利，那就讲法律。如果法律和事实都对你不利，那只管争辩。"

英国石油公司"争辩"了，他们似乎并不清楚公司的总目标，不仅指责承包商和分包商，而且试图模糊化灾难的规模，宣称影响非常有限，这一点很致命。海沃德等人称和海洋的广阔比起来，泄漏的影响范围相对较小。这是一个典型的蠢故事，海沃德似乎认为全世界的人民会相信他而不相信他们自己的眼睛。

我们在上一章已经看到，当丑闻缠身时，罗纳德·里根和比尔·克林顿都迅速选择直面事情的严重性，承认错误并请求原谅。在《是！科学说服的50个秘密》这本书里，作者诺亚·戈德斯坦、史蒂夫·马丁和罗伯特·西奥迪尼提到了承认错误的重要性。他们引用罗什富科公爵的话："我们承认，小错误是为了说服人们相信我们没有犯大错。"作者们肯定了里根在

第十一章 教训：不该做的事

处理对立故事以及年龄问题时使用的技巧，他们认为，如果处理妥当的话，承认错误能提高领导者在正直坦率和公开透明方面的声望。

将失败归咎于内部原因的组织不仅能走在公众认知前面，而且能在经济方面占据主动地位，谴责内部那些明显可控的失败，能让组织看起来对自身的资源和未来更具控制力。该研究表明：如果你推卸责任，手指指着的不是自己而是外部因素，最终你和你的组织很可能会以失败告终。

不该做的事：不要试图通过责怪别人来推卸自己的责任。

对英国石油公司来说，更糟的事还在后面。2009年5月12日，托尼·海沃德在斯坦福商学院对研究生们的讲话中说道"我们的首要目的是为股东创造价值，"随后对这句话进行了修饰，"为此你必须要关爱世界"。但伤害已经无可挽回，他选择将英国石油公司的首要目标定义为金钱，说出去的话落入了大企业的最强大的对立故事陷阱——贪婪，利润大于人命。

不该做的事：不要把最强大的对立故事拱手送给敌人或对手，他们不会对你手下留情。

再后来，事情变得更加糟糕。2010年5月31日，此时距离漏油事故已有一个多月，托尼·海沃德说："没有人比我更想结束这件事。我想回到过去的生活。"很快就有人提醒他，"11名遇难工人的家庭也想回到过去的生活"，这就是领导者的自我中心，就像奥兹曼迪亚斯一样狂妄傲慢。巴拉克·奥巴马的幕僚长拉姆·伊曼纽尔在公开评论海沃德的领导力时曾礼貌地称之为"一连串的公关失误"。

不该做的事：不要将你自己和你的需求置于故事的中心，尤其是在灾难已经影响到数百万人的情况下。

英国石油公司的股东们眼睁睁地看着他们的资产跌破谷底，这原本该是世界上最安全的投资之一。石油公司前老板布朗勋爵多年来一直非常警惕漠不关心、贪婪、破坏环境的石油巨头之类的对立故事，不断尝试树立"绿色"形象——将英国石油公司所有加油站的标志换为由绿色和金色绘成的太阳花。他说英国石油公司的缩写BP不是"英国石油（British Petroleum）"而是"超越石油（Beyond Petroleum）"。到2010年6月，美国总统奥巴马在提到公关失误时说："海沃德在说了那些话以后不能再继续为我工作了。"

这句话很有意思。奥巴马没说他解雇海沃德的原因是石油泄漏、堵漏不力或不良工程，而是因为他说的那些话，也就是他那悲惨的讲故事能力。2010年6月19日，海沃德现身怀特岛的考兹观看他持有的一艘快艇参加比赛，而大西洋彼岸的海滩却被封锁了，渔民们也不能出海捕鱼。报纸头条无比醒目——

第十一章 教训：不该做的事

美国人最讨厌海沃德。

> 超越拙劣公关

英国石油公司崩盘大约一年后，我和另一家美国大公司的高管闲聊，这家公司的商业活动有时也会引发大事故。这名高管说他将托尼·海沃德的失败用作公司大多数高级经理的培训教材，以示范什么事情不该做。

我问："托尼·海沃德哪儿做错了？"

对方说："他每次开口的时候都是错。"

这名高管所在的公司长期关注安全问题，在安全方面也很可靠。他说，实际上我们很难指责英国石油公司对漏油事故的技术反应，问题几乎都出在表达上。

我问："那海沃德应该怎么做？"

"他应该立即以首席执行官的身份介入，说他多么后悔发生的一切，显示他的重视；亲自到出事地点去，表现出他的关心；和人们谈心，不要试图遮掩事故造成的影响规模，宣布会有人接管各项事宜，然后退回幕后。"

"我想知道有没有人能很好地应对这类灾难事件。"

"奥巴马。"他解释说："我是共和党人，一般来说不太喜欢

故事效能

总统奥巴马，但这次奥巴马团队很快意识到墨西哥湾漏油事件对总统声誉的重要性。他们也知道乔治·布什几年前对卡特里娜飓风后果的处理几乎导致他的下台。奥巴马的顾问将布什的例子视为反面教材，因此采取了不同的行动。奥巴马飞到墨西哥湾，巡视了受灾地区，与受灾最严重的人们交谈，表现出了他的人道主义。"

他给那些失去亲人和生计的人们一个温暖的拥抱，当下的他不仅是总统，更是一名安慰者。当"我在乎"的故事讲完后，奥巴马就让其他人去处理细节。从纯粹的技术层面来说，他在华盛顿可以像在路易斯安那一样有效地处理漏油事故，但他的目标是要告诉美国人他很关心这件事并且会亲自负责。他的策略是视察该地区、协调联邦政府和州政府的力量，以及指派专人接管各项事务。他的战术则是会见那些遭受苦难的人、抨击英国石油公司，暗示它是一家外国公司。当然，这样的指责并不公平，事实上，英国石油公司的很多股东和雇员都是美国人。

但海沃德会发现，在讲故事时，公平和事实都并非核心问题，他似乎认为英国石油公司的目标是堵住泄漏、减轻法律责任，并尽量把责任推给其他人。一名更好的领导者会意识到，他的核心目标应该是英国石油公司作为一家国际知名企业如何存活下去。最终，一个美国人接替了托尼·海沃德的位置。他

第十一章 教训：不该做的事

说了一些安抚人心的话，承担了部分责任，而堵漏的成功也让事故接近尾声。英国石油公司究竟该承担多少责任，最终将由法院裁决。但就讲故事而言，奥巴马示范的是应该做的事，海沃德和英国石油公司示范的是不该做的事，他们为此付出了高昂的代价。

> 不要让战术混淆真正的目标

托尼·海沃德也许是一名优秀的石匠，甚至能将石头拼在一起，但他忘了真正的目标。凯引述了前通用电气董事长兼首席执行官杰克·韦尔奇的话，他是过去二十年里最受尊敬的商业人士之一，必要时十分冷酷无情，他的外号叫"中子杰克"，同时也大大增加了通用电气股东的财富。

韦尔奇痛骂那些像海沃德一样声称他们的目标是"最大化股东价值"的商人。正如韦尔奇所说，这个策略不能在每天上班时告诉你该做什么，更糟的是，那些大谈股东价值或赚钱的商业领导者恰恰给了破坏性对立故事以可乘之机——贪婪、资本主义、只知价格不知价值，尤其是在我们还深受2007年以来全球性经济衰退影响的情况下。

这样的对立故事成了弗雷德·古德温爵士的灾难。他追求

故事效能

"股东价值",在苏格兰皇家银行任职期间热衷削减成本和并购,因而赢得了"弗雷德碎纸机"的绰号。也许他原本可以从雪莱笔下的奥兹曼迪亚斯身上吸取教训。弗雷德·古德温爵士是一位出生在苏格兰的富有雄心壮志的银行家,希望创造一家世界一流的银行。2007年我见到他时,他对自己的成就就极为自豪,当时银行危机还未爆发。他热烈地谈到了他的领导能力、对市场的野心,以及他对自己领先地位的坚定信念。我对古德温的印象是他拥有诸多品质,但缺少谦逊和自我怀疑。他邀请我和一群经济学家、学者和思想家共进晚餐,期间每个人都被鼓励谈论了几分钟专业知识,从创新问题到美国的政治体系,范围很广。

我感觉弗雷德·古德温可能很享受他的"耳虫"——弗雷德碎纸机,他似乎陶醉于手中的权力和无情的名声。虽然现在业界普遍认为,他对荷兰银行的收购是在错误的时机为了错误的目标做出的错误举措,但这些商业上的失误可以留给其他人去分析,对我来说,重要的是古德温和托尼·海沃德一样严重混淆了目标、策略和战术,他从来没有讲述一个可以应对失败的领导力故事。他的战术建立在无情地削减成本的基础上,他的策略是收购其他银行,他的目标是成为世界银行业的玩家。但他不知道的是,一流银行的真正目标应该是赢得大家的信任、依赖,当然,还要有偿付能力。"奥马哈先知"沃伦·巴菲

第十一章 教训：不该做的事

特曾含蓄地指出："当潮水退去你很快就能看见谁在裸泳。"弗雷德·古德温丢掉了短裤，也丢掉了他的工作和银行。2008年，苏格兰皇家银行公布了英国历史上创纪录的亏损——241亿英镑。托尼·海沃德曾被描述成美国人最讨厌的人，古德温则被一名评论员描述为"世界上最糟糕的银行家"。

约翰·凯在《倾斜》一书中对商人追求金钱的描述非常有意思。他说很多大公司的创始人极其富有，但重点是大多数企业家极少将赚钱当作他们的主要目标。谷歌、苹果、脸书和微软的创始人都渴望创造一家伟大的企业，但这一目标却为股东、创始人自己带来了经济效益，包括非凡的财富。策略是生产伟大的产品，战术就不那么重要，它们可以包含托尼·海沃德和弗雷德·古德温采取的最大化股东价值和削减成本的战术，但目标永远是一个宏大的愿景，而不仅仅是追求金钱。凯写道："讨人厌、自我本位、高谈阔论的商业领导者听起来就像奥利弗·斯通在1987年出品的电影《华尔街》里的虚构人物戈登·盖柯。阿尔·邓拉普是这类管理风格最扎眼的宣传员，整个20世纪90年代他都在宣扬股东价值目标，因而获得了'西装兰博'的绰号。"

邓拉普写了一本叫作《商海无情》的书，这不免让人想到某个爱抢风头的人，书的封面照是"西装兰博"和两条狗。凯

故事效能

写道："邓拉普描述自己的哲学时曾说过'如果想要朋友，就养条狗'这样的话，我很谨慎，所以养了两条。"邓拉普只把企业看作股东特别是他自己赚钱的机器，最后，他被迫离开了电器制造商阳光公司，这家公司破产了。凯指出的关键点是我们希望领导者在商业、政治或任何其他领域表现出对某些事情的信念，这些事情应该比他们自己、比行使权力和赚取个人财富更重要。

如果领导者的"我是谁"故事以自我为中心，那么"我们是谁"就意味着我们上了领导者的当，或是成了领导者的仆人，而"我们的共同目标"就会被简化成服从领导者的命令以助他成功，这是一个令人厌恶的灾难性的领导力故事，注定会以失败告终。那些将赚钱作为优先事项或重要目标的人在过去二十年里搞砸了很多公司，比如安然、阳光、苏格兰皇家银行、雷曼兄弟、北岩银行、贝尔斯登银行、德崇证券、所罗门兄弟公司、英国石油公司等。这些公司都误讲了《华尔街》里的虚构人物戈登·盖柯"贪婪是好事"的领导力故事，而盖柯的原型则是20世纪80年代真实存在的公司蓄意收购者伊万·博伊斯基。据称，博伊斯基对学生们说："我想让你们知道，我认为贪婪是好事。你可以贪婪，同时自我感觉良好。"最终博伊斯基因内幕交易被捕入狱。

不该做的事：不要让你的高明战术混淆你的真正目标。

第十一章 教训：不该做的事

我对古德温领导力故事的一个小细节特别感兴趣。据报道，他在2009年末的一段时间里聘请了一位名叫菲尔·霍尔的记者帮忙重建自己的声誉，撇开其余的不谈，霍尔正是《Hello！》杂志的前编辑。对于一个八卦和琐事满天飞的世界来说，20世纪30年代以来最大的金融危机里的关键人物和生活泡沫杂志原型的结合简直是完美，这也证明了弗雷德·古德温甚至连自身的最大利益都搞不清楚。菲尔·霍尔或任何一名"政治化妆师"能做的都只是帮助领导者切割更多的石头，建造同样摇晃的教堂。如果弗雷德·古德温或托尼·海沃德真想恢复名誉，他们需要理解承认错误的叙事力量，向里根、克林顿和下一章里谈判的安吉丽娜·朱莉学习。记者和大多数人一样，也喜欢救赎或浪子回头的故事。

正如《是！科学说服的50个秘密》这本书的作者所言：

> 如果发现你处在一个犯了错的状态，你应该承认错误，并制订一个证明你能掌控局面、纠正错误的计划。通过这些行动，最终你会发现自己处在了一个更具影响力的状态——在人们的心目中，你不但能干，而且诚实。

道歉和承认错误是有效的讲故事技巧，尽管奥兹曼迪亚斯、"西装兰博"之类的人不太可能乐意采用这种技巧，尤其是当他们已经建立起绝对正确的名声时。这就引出了讲故事的另一个问题——不真实。

> ## 不真实

威廉·黑格的故事是比较尴尬的反面教材。他在1997年当选保守党党魁时,和几年后的戴维·卡梅伦面临同样的问题,但后者的应对措施更为成功。说句公道话,自1997年以来的这段时期,对于任何一名想要完全改变保守党士气低落、疲惫不堪的形象的党魁来说都为时尚早。黑格至少抓住了问题的本质,他是一个聪明能干的政客,他知道当时的保守党已被视为一个分裂的"不友好党",正如当时杰出的保守党人特蕾莎·梅后来所说的沉闷、古板、过时和落伍。黑格试图展现不同的形象,但他的创新没有达到预期的效果。有一次,他戴着一顶非常不保守的棒球帽去参加多元文化交融的诺丁山狂欢节。他夸耀自己的约克郡血统,吹嘘自己年轻时一天能喝掉超过12品脱的啤酒,这些让他自己变得人性化以及打算改变政党领导力故事的尝试往好里说是孤注一掷,往坏里说就是贻笑大方,黑格由此丢掉了下一届选举和党魁的位置。

不同于玛格丽特·撒切尔、比尔·克林顿和托尼·布莱尔,黑格没有做好充分的准备,也许对他来说,试图改变一个没有

第十一章 教训：不该做的事

真正接受失败的政党还为时过早。无论如何，正如我们看到的那样，如果领导者打算抛弃传统，那就必须首先接受它。

《是！科学说服的50个秘密》这本书的作者总结说：

> 就像画家在作画前会准备画布、医务人员在动手术前会准备器具以及教练在比赛前会训练球队一样，说服别人同样需要准备。有时这种准备不仅要求我们思考如何推销我们的信息，而且要求我们关注以前的信息和反馈。俗话说，骑马最好的方法是朝向马要去的方向。只有先让自己和马的方向保持一致，才有可能慢慢地、有意识地将它引向你想去的地方。如果立刻就把马拉向想去的方向，你就会疲惫不堪，而且整个过程中可能只会让马心烦意乱。

比尔·克林顿在承认富兰克林·罗斯福是他的偶像后才创造了"新民主党"。尽管才华横溢，但威廉·黑格过于生硬、迅速的努力以及不像真正保守党人的行事方式让"马"十分讨厌。

不该做的事：不要过于渴望改变，否则你可能会贻笑大方。

甚至连比尔·克林顿在这些问题上的特殊天赋不该被低估，偶尔也会上演反面剧情。1993年5月，克林顿在乘坐空军一号访问洛杉矶时接受了发型师克里斯托弗的理发服务。克里斯托弗通常理一次发收费200美元，但他是克林顿的朋友，因此并没有像平常一样收费。这件事泄露出去后引起了公愤，因为，或者说是根据广泛的报道，总统让空军一号停在洛杉矶机场的命令给成千上万的乘客造成了不便，而原因仅仅是他要在总统专机上让一名发型师打理头发，"头发一号"的故事很快占领了美国的电视新闻。

后来成为电视剧《白宫风云》顾问的迪·迪·迈尔斯是当时的总统新闻助理。以下是她在接受美国公共广播公司电视网采访时的表述：

> 这位"以人为本"的总统坐在飞机跑道上享受新权力带来的种种好处，乘客只好自认倒霉。你知道，这件事至少占领了三天新闻头条，它变成了一种象征，你必须小心这些会成为隐喻的事。

克林顿团队对他们造成的所有不便深表歉意，但正如1993年6月30日《新闻日报》的报道，给乘客造成不便的故事是假的——"遵照信息自由法案，我们从联邦航空管理局获得的记录表明：5月18日的理发事件没有造成常规客运航班的明显延误，空中没有盘旋的飞机，跑道上也没有交通堵塞。据因总统理发而航线运营受到影响的通勤航空公司证实，当天他们没有任何航班延误的记录。"

美国总统为了一个子虚乌有的不便道歉。为什么？因为克林顿团队明白，讲故事与事实无关，与感知有关，尤其是缺乏

第十一章 教训：不该做的事

真实性的感知，即克林顿是人民的骗子。大多数人并不清楚建造一艘军舰的花费应该是200万美元还是20亿美元，但我们都知道花上200美元理一次发太贵。

不该做的事：不要做破坏你的领导力故事核心的行为。

> 不要低估负面故事的力量

迪·迪·迈尔斯将这件事和克林顿的前任乔治·H. W. 布什犯下的尴尬错误进行了对比。在担任了8年副总统以及将近4年总统之后，老布什意识到他并没有和多数普通选民建立联系。1992年初，我跟随竞选共和党总统候选人的帕特·布坎南到新罕布什尔州，布坎南的支持者用探照灯照着天空，声称他们在寻找乔治·H. W. 布什，因为他经常乘飞机出国。老布什总统确实在外交政策上有所建树，但也被批评不了解美国人民在1991—1992年经济衰退期间正在忍受多大伤害，布坎南将他的支持者称为"带干草叉的农民"，这显然寓意他们所反对的布什家族是脱离大众的达官显贵。布坎南的支持者再次讲述了一个有关老布什和上帝有何不同的老笑话，"上帝无处不在，乔治·布什也无处不在，除了美国"。

到了1992年2月，老布什的幕僚非常清楚地意识到了问题所在。他们做了弥补，让他可以被拍到在超市里和普通人"接触"的画面，当然，这是一场事先安排好的活动，就发生在佛罗里达州奥兰多的美国食品杂货商协会大会上。大会上有件展品是收银扫描机，《纽约时报》写道："布什走出生活了11年的白宫，来到现代超市，他拿起一罐牛奶、一个灯泡和一包糖果，将它们挨个儿放在电子扫描机前，脸上闪过惊奇的神色。"

"这是结账用的吗？"报道引述了布什的话，这听起来更像是问题而不是结论。之后他用典型的布什语气对杂货商说："某些技术真令人惊讶！"报道指出：超市使用扫描机已经大约20年了。不管是谁读过报道或看过电视录像，都会得出"布什完全脱离现实"的结论。美国一家致力于挖掘这类故事的网站解释说："假如一个人不知道一盒牛奶或一条面包的价格，你很容易把他刻画成一个不知道如何处理经济问题的形象。你所需要的只是一个挂画的钩子，而布什与扫描机的相遇就是这个钩子。"

迪·迪·迈尔斯记得很清楚，"我认为乔治·布什不知道收银扫描机的工作原理成了一个脱离现实的总统的隐喻，而比尔·克林顿坐在空军一号里理发让全国各地的人苦等成了一个醉心于特权的民粹派总统的隐喻"。他用了好几年才克服这个隐喻，当我离开白宫时我会到处走走，问一问有多少人知道总统在空军一号上理发，每个人都会举手，可是有多少人知道故事

第十一章 教训：不该做的事

的真相呢？

几乎没有人。

不该做的事：不要低估负面故事的力量，即使它们并不真实，仍需要你应对或承担后果。

> 不反击即软弱

2004年的美国总统竞选，和乔治·布什打对台戏的是民主党候选人、参议员约翰·克里。显然，克里在越南战争中表现出色，他曾在海军"快艇队"服役，在越南的英勇也得到了美国军方的肯定，荣获了三枚紫心勋章和一枚银星勋章。后来，克里站出来反对越战。你可以说，反对自己参加过的战争也是有勇气的一种体现。与此同时，他对手乔治·布什是越战的拥护者，虽然他实际上并没有上战场。越战期间，布什加入了空军国民警卫队，冒着潜在的危险在得克萨斯州保卫自己的家乡。然而，正是克里的越战经历在2004年演变成了政治问题，布什总统的支持者发起了一场大胆的毁灭性运动，彻底摧毁了克里。

一群"快艇"老兵质疑克里的人生经历和英雄行为，我们在巴拉克·奥巴马等人的例子中已经看到，这破坏的不是他的政策，而是他的品格和个人故事。事实上，这是致命打击，因为克里从未成功地反击过对立故事。相反，2012年2月，共和党总统候选人纽特·金里奇在南卡罗来纳州被美国有线电视新闻网的一档电视辩论节目里反驳前妻认为他有不轨行为时，金里奇反应非常激烈，他指责美国有线电视新闻网主播约翰·金报道低俗新闻，明确地将他的个人道德问题变成了媒体对他的攻击。荣获勋章的老兵克里未能就他的战争表现展示出真正的讲故事能力，有不轨行为的金里奇却在反击最具破坏性的指控时展现出卓越的讲故事能力。克里的无能表现致使"被快艇"这种说法成了美国的政治俚语，喻指敌人对领导力故事阴险、凶恶的破坏性攻击。

不该做的事：如果你的领导力故事核心——"我是谁"正在遭到破坏，不反击看起来就是软弱的表现，事实也是如此。

领导力小结：

从错误中吸取教训，尽可能承认错误，不要给敌人的对立故事提供好素材，以免错上加错。为自己辩护，如果你不愿意这样做，别人又怎么愿意呢？最重要的是，如果你不能说明"我是谁"，别人就会无视你，并按照他们的需要塑造你的形象。

第十一章 教训：不该做的事

追随力小结：

听到领导者承认错误时要宽容，人无完人。记住罗什富科公爵的话，我们承认小错是为了掩饰大错。他说得对。

Chapter 12 第十二章　用故事力实现变革

> 领导者意味着变革。如果一切正常，那么你无须改变，也无须领导者帮你改变。我们已经从比尔·克林顿、托尼·布莱尔、玛格丽特·撒切尔等人的身上看到，讲故事如何改变一个政党和一个国家。但我们也注意到，很多领导者很难自我改变，甚至很难意识到他们展现自身品格及个性的方式需要改变。通过本书，我们已经了解到故事很重要的原因，前故事（某人在真正见到你之前具有的偏见）、对立故事（人们讲述和你有关的负面故事）以及领导者该如何创造自己的故事并反驳别人讲述的对立故都极具破坏性。

前一章里，我提出承认错误并承诺改正对于领导者来说可能是一个精明的策略，因为它经常能和追随者产生积极的共鸣，也肯定会和渴望救赎故事的记者产生共鸣，因为有些报纸想成为现代的卫道士。为了总结这些论点，我想思考一番有哪些领导者清晰地给出了反击负面前故事和对立故事的模式，又有哪些领导者将本书中的很多主题付诸实践，尤其是那些已经找到某种个人救赎的领导者。我发现最具启发性的榜样不在白宫，也不在公司董事会，而是在好莱坞和多莉山公园。

变革有风险。正如我们所知，领导者变革的一种方式是宣称此刻起一切都是新的，同时又在过去的基础上创新，以配合他们的领导力故事。罗纳德·里根、玛格丽特·撒切尔、比尔·克林顿和托尼·布莱尔就是这样上台的，英国石油公司也是这样改头换面成为一家"超越石油"的绿色公司，直到墨西哥湾的漏油事件之后，这一品牌重塑行动才土崩瓦解。有些案例中，领导者的改革集中在其领导力故事的第二部分和第三部分，即作为整体的"我们是谁"和"我们的共同目标是什么"。但当领导者不得不承认个人故事出现根本性错误时，情况就棘手多了，除了装模作样，你要如何改变"我是谁"呢？你该如何承认错误、弱点和个人缺陷呢？

我们在前一章里已经看到，正如露西·凯拉韦所说："让商业领导者承认缺点的真正问题在于他们不知道自己有什么缺点，这种对缺点的否认令人遗憾。我们更喜欢暴露自身缺点的人，这让他们看起来更加人性化。"

第十二章 用故事力实现变革

当开始考虑见过的那些人里谁最勇于接受自己的缺点并暴露它们时，我震惊地发现几乎没有多少政治家和商业领导者尝试过这样做。克林顿在被发现之后才承认丑闻，他也克服了不遵守纪律的行为和不能准时参加会议的天性，但前提是幕僚告诉他这样对声誉不利；罗纳德·里根面临年老和体弱的个人问题，这不是他可以改变的，因此只能一笔带过，但至少他意识到了这是一个潜在的问题。然而，我确实想到了一个出乎意料的名字，她有意识地尝试改变自己的缺点，这个人就是安吉丽娜·朱莉。我在这本书里讨论安吉丽娜·朱莉和其他文化领导者并没有错，他们的经验适用于我们所有人，因为他们不是政治家或企业巨头，而是受到媒体密切关注的公众人物。他们确实暴露着自身的缺点，因为他们有其他选择。

> 故事偏见

多年来，我为英国广播公司的艺术节目采访过很多文化领导者，他们中有诺贝尔奖得主谢默斯·希尼，也有乡村音乐明星多莉·帕顿，还有来自世界各地的文学巨匠，如阿敏·马卢夫、阿拉·阿尔-阿斯瓦尼和 V. S. 奈保尔，每一次我都必须注意前故事。早在亲眼见到他们之前，我就知道这些文化名人的名字和名声。比如，小说家 V. S. 奈保尔据说很难相处，也许他有时候确实如此，就像我们一样，但我发现他其实很讨人喜欢，也很有煽动性和刺激性。再比如，世界三大男高音之一的何塞·卡雷拉斯，他和普拉西多·多明戈、卢奇亚诺·帕瓦罗蒂一起让很多不喜欢传统歌剧的人爱上了歌剧。

我准备和摄制组在马德里一家酒店的客房里和卡雷拉斯见面，时间约在下午两点，还有十分钟的时候我对制片人说："我打赌他会迟到。"

"为什么？"

"你知道歌剧演员是什么样。"

"什么样？"

"耍大牌！他肯定会迟到。"

这是我的前故事或偏见。离两点还有十秒钟的时候，门铃响了，何塞·卡雷拉斯准时出现，他穿着考究，准备接受采访。他富有魅力、气质迷人、聪明风趣，尤其是在我们谈及歌剧演员保护嗓子的困难时，他提到为了给巴塞罗那足球队加油，自己把嗓子都喊哑了。我告诉卡雷拉斯刚才和制片人的对话，卡雷拉斯回应说："这种对歌剧演员的偏见很普遍，可并不公平。有些明星很难相处，但真正成功的人不会迟到。当序曲奏响时，我就准备好演唱了。"

第十二章　用故事力实现变革

几个月后,我按计划去见一个我最喜欢的影视女演员。她的名字家喻户晓,我想最好还是采用匿名的方式。这一次我的前故事非常正确,我欣赏她的演技,但和她相处几分钟后,我宁愿和恐怖杀手待一个下午也不想再和她接触,她发起脾气来就像一个任性的小孩。这个"荧幕女神"在几天内不断更改采访的时间,等最后终于同意采访的时候又将近两个小时拒绝走出房间,直到我告诉她已经让摄制组的工作人员离开了。虽然她最终现身了,但在一个半小时的采访中我其实希望她没有出现。

多莉·帕顿的情况正好相反。我去了她在田纳西州纳什维尔的住所,她带着我四处参观,其中有一座小圣堂是她早晨冥想的地方。小圣堂的一道墙上有一块刻着小天使的大玻璃,仔细观察的话,你会发现这些小天使全都是金发大胸,除了翅膀以外,看上去酷似多莉·帕顿自己。多莉·帕顿刚刚发行了一张唱片,收录的主要是20世纪60年代的抗议歌曲,这些歌曲通常带有反战信息,而当时的美国已经卷入了伊拉克战争和阿富汗战争。我想让她谈论一下政治,就说这些歌曲表现了她强烈的反战情绪,但她没有接招,说它们只是好听而已。这就是她的故事。

多莉·帕顿开办了一家传扬阿巴拉契亚文化的多莉山主题公园,她也因此成了田纳西州最大的一名雇主。她给美国最穷的地区带来了就业机会,同时一直积极地给孩子们送书,希望鼓励他们读书、识字。我建议，作为一名成功的女商人和明星，她应该去从政，罗纳德·里根和阿诺德·施瓦辛格就是这样走上政坛的。

她说："亲爱的，白宫里的大胸已经够多了，不缺我一个。"多莉·帕顿因为说过"花了一大笔钱才看起来这样掉价"这句话而声名在外，所以我最后鼓起勇气问她身上哪些地方是真的，哪些地方是假的。

"都是假的！"她说。

我讲这些故事仅仅是为了说明对于初次见面的人，我们每个人的头脑里多少都会有前故事，无论好坏。聪明的领导者了解负面前故事并懂得反击，比如卡雷拉斯这样的文化领导者，就是通过打破预期的方法进行反击。早在见面之前，我就知道多莉·帕顿会完全颠覆她无脑、金发美女的刻板形象，确实，一个有前故事偏见的人很快就会被我见过的最敏锐的头脑们颠覆印象。但是，在这些改变了前故事的人当中，一名女性尤其突出。

> 从好莱坞"傻瓜"到人道主义活动家

2004年12月，我计划在松林工作室采访安吉丽娜·朱莉。我研究了报道她的剪报，看了她出演的电影，阅读了杂志里刊

Chapter 12 第十二章 用故事力实现变革

登的八卦,不确定这次采访是否有意义,她听起来像个好莱坞的傻瓜,但是尚有余地。我们见面的时候,朱莉正致力于让美国签署《禁止地雷条约》,以防止平民被地雷所伤,她是这项活动的推动者和联合国的形象大使。地雷问题而非惯常的电影宣传是她同意接受采访的原因,也是我认为采访可能有价值的原因(尽管我满是疑虑)。我觉得像她这样的人会投身国际人道主义事业太不寻常了。她在加利福尼亚州长大,父亲是著名的好莱坞演员乔恩·沃伊特。她向我承认,她本可以在购物中心、沙滩和派对上度过一生,只关心雪佛兰的新款豪车。事实上,在开始拍摄电影《古墓丽影》之前,这些几乎就是她生活的全部。

在柬埔寨拍电影期间,她看到附近的田野里有四肢残缺的小孩子在蹒跚而行。她向人打听:"他们怎么受伤的?"对方回答"波尔布特",朱莉说她起初困惑不解,波尔布特是什么?某种烹饪工具?炸弹?疾病?她被告知不要在片场到处走动,因为还没被探测到的地雷太危险了。然后,她对这个陌生的地方越来越好奇,并且开始看书,她看到了波尔布特的元年——发生在柬埔寨的杀人计划,也了解到了这个国家滥用地雷,人们走在田野里都很危险。她还了解到柬埔寨的动荡是美国试图挫败北越和越共政策的直接结果,安吉丽娜·朱莉说自己那一刻决定必须要做点儿什么,她将致力于反对柬埔寨及其他地方有

> 故事效能

关地雷的活动。

读者很清楚，本书最主要的追随力教训就是故事不是天然存在的，而是塑造而成的。显然，朱莉在对我讲一个故事，并且明显效仿了威尔士王妃戴安娜。戴安娜王妃在1997年去世时就已经是反地雷的活动家，尽管这项活动帮她提升了公众形象，但正如她去世前几个月，一位刻薄的评论员说她基本上就是购物和哭诉，还有一名评论员称她是"高级活衣架"。戴安娜投身禁雷事业就像她为艾滋病患者所做的工作一样，是其正面领导力故事的一部分，尽管该故事经常会被全球的小报八卦淹没。朱莉的故事与之类似，但它也是一个最能引起人们兴趣的故事，先是无知，再是学习，最后是救赎，这是成长小说的常见套路。如果将我听到的故事进行分解，我们会得到朱莉重塑个人故事的方法。

第一，承认并界定问题（即使只是对自己承认，或私下对最亲密的朋友或助手承认）。对朱莉来说，问题是无知和对世界缺乏好奇。乔治·W. 布什从未将缺少好奇心视作问题，这是他在总统任期内的一个重要弱点。布什不是一个愚蠢的总统，但他经常表现得很无知，对那些世界观不同的人毫无兴趣；比尔·克林顿承认迟到是问题，于是聘请莱昂·帕内塔作为他的幕僚长解决，让涣散的白宫重新变得有组织、有纪律。我曾问

第十二章　用故事力实现变革

过帕内塔，作为幕僚长，当克林顿开会迟到的时候，他是不是真的要负责把他从淋浴房弄出来。帕内塔笑了笑，但拒绝回答，不过白宫的其他工作人员告诉我这确实是真的。

克林顿就像安吉丽娜·朱莉一样认识到了问题所在，而后改变了行事方式；戈登·布朗没有，他从来不承认自己无法在个人层面和人们建立联系，当他改变时，已经太迟了；玛格丽特·撒切尔私下承认她的尖锐是问题，然后开始解决它；伦敦申奥团队意识到伦敦的交通和曾经举办过两次奥运会的事实是问题，他们界定问题，并尽其所能利用它。这样的事例还有很多，比如安吉丽娜·朱莉。

第二，理解并以开明的态度倾听别人的意见。安吉丽娜·朱莉实现了自我教育，她离开自己的舒适区，访问包括非洲战乱地区在内的地方，并传播她的理念。尼尔森·曼德拉是使用这种方式的另一个榜样，曼德拉从来没有当过兵，但意识到了成立非洲国家委员会武装派系"非洲之矛"的必要性，他听取了那些知道该如何做的建议，并按照建议进行武装斗争和政治运动。

比尔·克林顿也走上了类似的道路，他违背了帮助他成功竞选的一个重要承诺——给中产阶级减税。他足够开明，能向美联储主席艾伦·格林斯潘等经济顾问学习如何稳定证券市场。

他们是对的,克林顿错了,但他听取意见是对的。约翰·梅纳德·凯恩斯在开明和听取意见方面或许是最受好评的典范,众所周知,他说出了领导者改弦更张的最好的理由——当事实改变时他就会改变主意。"先生,你会怎么做?"这是他对批评家最简洁的回答。

第三,非常重要的一步,对于改变不要只是纸上谈兵,要真正付诸实践。安吉丽娜·朱莉担任了亲善大使,负责与联合国难民事务高级专员接洽,然后她自费前往战争地区和动荡地带,包括塞拉利昂、坦桑尼亚、柬埔寨、达尔富尔、乍得、伊拉克、利比亚和巴基斯坦的难民营。我们见面时,我以为她会带上一堆人——新闻和媒体顾问、经纪人等,但她是独自前来的。比起冥想小圣堂里的多莉·帕顿,安吉丽娜·朱莉似乎更喜欢简单,不管小报如何八卦她的生活方式。

第四,让别人知道你变了。如果安吉丽娜·朱莉是一个政党的话,她可以把自己描述成新安吉丽娜——不以自我为中心,更加了解和关心世界。事实上,在采访过程中,她确实几乎把自己描述成了新安吉丽娜,她精心构建了自己的故事,使任何一名听众都觉得她确实重塑了自己,这一策略意味着要避开前故事,避开那个很容易把她吊起来的钩子。就安吉丽娜·朱莉而言,这意味着要避开关于布拉德·皮特和其他私人问题的生

Chapter 12 第十二章 用故事力实现变革

活泼泡沫式采访。

第五，和悦、谦逊地看待你的失败。安吉丽娜·朱莉说在非洲和其他一些没人知道她的地方，她不得不把自己做的事情形容成一份工作。塞拉利昂的孩子们非常惊讶于她只要打扮和假装就能赚到钱。她边说边笑，指出这些孩子其实真的很聪明。她欣然接受了他们隐含的评价，像她这样的好莱坞明星都很虚假，都是在作秀，有点儿像骗子，并将这个故事当成是谦虚的教训。安吉丽娜·朱莉明显能拿她好莱坞式的"假"开涮，这让她在其他方面看起来更真实。这与托尼·布莱尔如出一辙，不管是自传里写的他在担任首相期间必须记住购物清单，还是在签署《耶稣受难日协议》时说尽管不适合演讲但感觉肩上承担着历史的重任，这种自嘲会给人一种不太在意自己缺点的印象。

比尔·克林顿也使用了同样的技巧，他在1988年的民主党大会上发表了一场我听过最无聊的演讲，只有当他说到"最后"的时候，全场才响起衷心的掌声，在1992年的纽约大会上，他打趣自己到场只是为了完成四年前的演讲；撒切尔夫人卸任后，在保守党大会上发表演讲时，用一部电影开了个玩笑——"妈妈归来（The Mummy Returns）"，博得了满堂喝彩。即使一个远非天生健谈的人也能在自嘲中发现欢笑，可见幽默而委婉地批评自己是一个非常有价值的讲故事技巧。

> **反谦虚**

安吉丽娜·朱莉在接受英国广播公司等媒体采访时精彩地讲述了新安吉丽娜的故事。她很好地耍了个反谦虚的花招——每当提到以前的无知和自私时，她都会含蓄地称赞她现在的智慧和无私。我认为这是一种天赋，我也赞赏她为消灭地雷所做的努力，她这种自我改变的方法对我们大家都有用。露西·凯拉韦说得对，我们更喜欢暴露自身缺点的人，特别是在他们自嘲的时候。而且，安吉丽娜·朱莉的善事也做得很好，她的人道主义工作不仅击败了好莱坞傻瓜式的对立故事，而且还吸引到了大牌赞助商。

2011年，朱莉成了路易威登箱包品牌的代言人，在柬埔寨由安妮·莱博维茨拍摄了宣传广告，据说代言费为1000万美元。安吉丽娜·朱莉妆容精致，斜靠在船上，衬着身后美丽的乡村景色，一切都很完美。"人们不习惯在这种场合下看到安吉丽娜，"报道引用路易威登执行副总裁皮埃特罗·贝卡里的话，"我喜欢这种真实的时刻。我们借个人旅行传达的这一理念是品牌的基础。"

仔细想想，我们大多数人都会赞成，一个著名女演员在一个著名摄影师的镜头下为一家著名的奢侈手袋生产商拍摄迷人

第十二章　用故事力实现变革

的宣传照的时刻并不显得特别真实。这位执行副总裁之所以声称个人旅行是箱包品牌的基础，也许是因为广告在一定程度上依赖于安吉丽娜·朱莉自我重塑的和柬埔寨人民有着深厚感情的形象。值得赞扬的是，报道说朱莉将大部分路易威登的品牌代言费捐给了慈善机构，几乎可以肯定的是马多克斯·朱莉-皮特基金会，用于帮助柬埔寨的社区发展和保护。

研究人员已经注意到承认错误或缺陷，然后通过重塑和救赎获得成功的现象。我们看到作者戈德斯坦、马丁和西奥迪尼在他们的《是！科学说服的50个秘密》这本书引述的研究表明：将失败归咎于内部原因的组织不仅能走在公众认知前面，而且能在经济方面占据主动地位。

研究人员对比了两类公司报告，一类将业绩不佳归咎于外部原因；一类认为公司本身要对犯下的错误承担大部分责任。他们发现经过一段时间后，那些指向内部可控因素的公司比那些指向外部不可控因素的公司股价要高。这相当于是企业版的安吉丽娜·朱莉。在2001年拍摄《古墓丽影》之前，她是一名相对来说前途比较黯淡的年轻女演员，但经过自2001年开始的自我重塑后，她已经成了全世界最负盛名、收入最高的名人之一，我们有理由相信它们之间是有联系的。如果将安吉丽娜·朱莉的方法用于承认错误的企业，其正面影响非常使人深受鼓舞。

戈德斯坦、马丁和西奥迪尼在书中写道："如果发现你处在一个犯了错误的状态，你应该承认错误，并制订一个证明你能掌控局面、纠正错误的行动计划并予以实施。最终你会发现自己处在了一个更具影响性的状态——在人们的心目中，你不但能干，而且诚实。"然而，正如他们接下来指出的一样，还有一个问题，既然承认错误和敢于担责对个人和公司来说都是正确的选择，那为什么这种行为如此罕见呢？

通常来说，答案比较复杂，至少就政治领导者和商业领导者而言。它包含了我们在前几章中看到的几个因素，包括以自我为中心、尴尬、奥兹曼迪亚斯主义、相信如果我们推卸责任就能逃避责难的想法，以及政治家自觉始终正确的本能，但并非总是如此。

> 一致性困境

那么，对于其他领导者和我们来说，安吉丽娜·朱莉的方法有多大的可复制性呢？在某种程度上，我们已经了解过那些承认问题或错误、承诺重新开始并表明已经改变的领导者。这种方法实际上以"周六晚上的克林顿"和"周日早晨的克林顿"植入了比尔·克林顿的政治基因，他在总统任期内充满活力、冒险、热情的表现中始终夹杂着内心的懊悔。但正如我们所见，

第十二章 用故事力实现变革

丑闻确实降低了克林顿的个人支持率，但从未伤害到他的工作支持率，这个数字即使在他被弹劾期间也高于50%。换句话说，美国人不满意克林顿的个人道德，但他们赞同他在治理国家上的表现，我觉得克林顿的私人罪过以及他不断请求宽恕的行为实际上提高了他的工作支持率。每当他做了错事之后又对此深表歉意的时候，美国人就会反思繁荣的经济和政治的相对清明，然后想想白宫里还有更差劲的人，或者如同多莉·帕顿所说，甚至还有更大的胸。

当我和政治领导者或他们的幕僚讨论公开承认错误的话题时，他们一致赞同这样的观点：领导者应该与好消息联系在一起，工作人员可以处理坏消息，因而承认领导者需要在个人层面进行改变就成了他们眼中一致性的困境。他们可能会因为"暴露自身缺点"而受到赞扬，但他们必须首先要把它和错误带来的诘难进行权衡。好事的媒体工作者起到了一定的作用，包括我自己在内的记者，往往会回顾领导者的职业生涯，找到他改变主意的事例，然后以此为武器去击败他。一位著名的英国政治家说："这样的游戏让他和其他政治家极其不愿意像安吉丽娜·朱莉那样公开承认错误。"

托尼·布莱尔的事例很有启发性，他对萨达姆·侯赛因拥有大规模的杀伤性武器的看法显然是错的，但他将之归咎于情报错误，而不是判断错误。而且布莱尔坚持甚至是固执地拒绝承认2003年的对伊战争是个错误，尽管他承认战役的某些方面原本可以处理得更好。这是罗什富科"承认小错是为了掩盖大错"这句名言的经典案例，虽然对布莱尔来说它并没有奏效，英国民众似乎记住了布莱尔的大错而不是他的小错。然而，当我思考哪些政治领导者没有公开承认错误让自己蒙羞，同时又深刻转变立场似乎是付诸实施"安吉丽娜·朱莉法"时，我竟想到了恐怖分子。

领导力小结：

讲述一个令人信服的变革故事是领导者能做的一件最重要的事。它需要一定程度的自我批评，虽然不一定要公开认错。承认错误的领导者也许会发现，人们比以前更信任他们了。

追随力小结：

当领导者改变主意或行为时，或许我们都需要宽容一点儿。记者特别喜欢想要找出领导者现在说的话和过去干的事之间有什么不同之处。这是公平的游戏，但当领导者解释说他或她的思想已经改变，我们应该想想拉尔夫·瓦尔多·艾默生说过的一句话，"愚蠢的一致性是小智小慧者的骗人伎俩"。

后记：
时机就是一切

1995年春，克林顿已经任职总统两年多，我在白宫对他进行了一次采访。我的书桌上现在还有那次采访的照片，照片时刻提醒我，一名老练的领导者是如何通过适应他讲述的故事来捕捉时代精神所需的一切，以及在必要的时候改变故事。

照片中拍摄的时候是在一出闹剧之后。克林顿总统在任的前两年充满希望和生机，但到1995年政府遇上了麻烦。按照他的政治顾问的说法，这位会吹萨克斯的年轻总统在美国顶尖人才遍布的政府创造了一个卡米洛特式的新宫廷。但总统涣散的纪律性和糟糕的守时能力，加上包括克林顿效忠派、长期支持者和阿肯色州密友在内的白宫工作团队相当平庸，削弱了对约翰·肯尼迪的所有效仿。候选人克林顿身上那些看似迷人、新鲜的特质，在总统克林顿身上就显得不专业甚至是粗鲁，有时会让政要们在白宫的活动中苦等一小时。

记者团在无聊的时候（实际上是常有的事）会打赌克林顿何时才出现。有一次，我看了看表，发现克林顿迟到了47分钟。

故事效能

我问坐在我旁边的一名美国空军上校，在场的军人是否希望总司令能守时。他笑了，然后小声说："我们说黎明时分进攻，不是指延后47分钟的黎明。"

那次采访约在下午两点，地点在总统办公室旁边的罗斯福厅。这是一间富丽堂皇的大厅，到处都是西奥多·罗斯福和克林顿的偶像富兰克林·罗斯福的纪念品。我准备了两架摄像机和两个电视摄制组，设备安排和我之前描述的和撒切尔的采访类似，一架摄像机对准我，一架摄像机对准总统。在这些场合，白宫的初级职员通常很挑剔和紧张，而紧张是会传染的。大约在1点55分，两个摄制组打开了他们精心准备的照明灯，不幸烧断了罗斯福厅的保险丝，灯灭了，恐慌随之而来。白宫工作人员开始大声抱怨，我的团队当然很尴尬，都想尽快解决问题。

"别担心。"我冷静地说，试图控制局面，"别担心，他总是迟到。"

话一出口，房间里就安静了下来。有那么一会儿，我很为自己掌控下的安抚效果而自豪，随即我听见身后传来一个熟悉的声音。"谁总是迟到？"准时现身的美国总统非常享受我的尴尬，照片捕捉到了当时的瞬间。

纵观全书，我试图通过一些在世界上著名的领导者的案例来说明如何讲故事，最后我想说的是，讲述领导力故事需要时

后记：时机就是一切

机。我说的时机远不止克林顿的守时，没错，比尔·克林顿确实提高了他的守时能力，但这只是反映他被迫承认改进政府草率运行的时机已经到来的一个迹象。我们知道，克林顿在1994年11月的国会选举中遭遇惨败，被迫了解到要想"存活"和连任，他必须改写自己的领导力故事。

他开始解雇白宫的一些业余人士，1994年，克林顿邀请经验丰富的莱昂·帕内塔担任幕僚长，帕内塔奇迹般地确保总统的一天被恰当地分割成15分钟的时间段。帕内塔到来之前，白宫有时非常混乱，一名重要的总统顾问花了几个月的时间才拿到一张白宫特勤局通行证。看着这名组织力糟糕的高级顾问（我经常和这个人打交道）每天排队接受特勤局的安检，而我这样的外国记者在经过适当的资格认证后几秒钟就能轻松通过，感觉非常奇怪。这种乱七八糟的印象极具破坏性，虽然到1994年底克林顿开窍了。他突如其来的守时表现明显只是试图讲述新故事的一个方法，以表现白宫内部新的急迫感和工作方式。

2000年，格里戈·代克就任英国广播公司总经理时面临相似的问题。代克担心他的前任约翰·伯特似乎对广播的创造核心太过疏远了，员工们抱怨伯特是"他们"——西装革履的老板阶层中的一员，而不是"我们"——制片人、导演、摄影师、编剧、技术人员、记者以及其他广播工作人员中的一员。代克如今在讲授领导力，他经常提到他如何改变总经理的工作职责和为人处世的故事。例如，在参观伦敦郊外的英国广播公司中心的时候，代克会提前询问接待员的姓名，然后从容地出现，不带太多随身人员，走到前台说："嗨，玛丽！我是格里戈·代克，你好吗？"通常他会问可以去哪儿给自己泡杯茶，也许还会问接待员是否也想来杯茶。这种礼节是有计划的，但不是虚假的，它发挥了代克的个人优势——喜欢社交、和蔼可亲、慷慨大方和接地气，他的举止也因此很快成了"代克传说"的一部分。

后来有一次，代克到怀特城英国广播公司的新大楼参加重要会议，他注意到相当恢宏的玻璃中庭里空荡荡的。他问为什么没人坐在那里看报纸或喝咖啡，谁也不知道答案。在运营一家员工超过两万、年收入大约30亿英镑的公司之外，代克始终没忘这个中庭为什么空荡荡的问题。最后有人告诉他是因为涉及健康和安全问题，还涉及一些消防法规之类的问题。"搞定它！"代克告诉下属（尽管可能语气强硬，这一点他也很出名），"下次再去怀特城，我要看见大家坐在中庭里。"他的要求实现了，员工们因此喜爱他。代克把一件无关紧要的小事变成了一项运动，用典型的代克语来说叫作"少说废话"。对这样一个听上去确实关心自己的员工、在乎他们是否开心，并懂得解决小问题的举措对员工士气的影响远远大于问题本身的人来说，

后记：时机就是一切

他在大型组织中发挥的作用怎么说也不为过。他在21世纪改变了英国广播公司的领导力故事，就像克林顿在1994年意识到是时候改变政府管理故事一样。

代克的前任约翰·伯特是一名头脑冷静的技术专家和工程师，他面对的挑战与之截然不同。20世纪末，英国广播公司需要投向数字化的未来，同时还必须避免疏远某些政治阶层，从左翼到右翼，从工党到保守党，他们经常认为英国广播公司是他们的敌人。对伯特来说，英国广播公司的存续是核心挑战，但对代克而言，不同的时代意味着不同的问题，他必须重振一家广播公司的创新精神。这家公司士气低落，有时还受到结构化变革的阻碍。换句话说，领导力的一个核心技能不只是认识到变革的需要，更要具备克林顿或格里戈·代克的讲故事技巧，并在适当的时机通过讲故事带来改变。克林顿这么做是为了自己，代克这么做是为了组织，甚至可能是为了整个国家。

德国首位女总理安吉拉·默克尔正在讲述一个经历百年灾难后于1989年重生的新国家的故事。这位世界上最有权力的女性试图在经济危机严重的时候给这个欧洲最强大的国家寻找一个新定位，同时确保德国不会重蹈过去的错误和恃强凌弱。正如我们在很多领导者身上看到的一样，她的个人故事发挥了作用。默克尔总理在许多方面都与众不同，她成长在民主德国，

- 209 -

故事效能

却管理着一个西方经济力量主导的国家；她是北方人和路德教徒，她的政府却更依赖南方天主教地区的选票；她是女性，而德国政坛仍是由男性主导。默克尔试图保护自己的隐私，我们知道，这也许是一种令人钦佩的品质，但在我们这个迷恋名人的文化里，一名成功的现代政治家要在赢得选举的同时保护隐私非常困难。从她极少公开的私生活中，我们知道她设法尽可能在早上给丈夫做早餐，这是默克尔为了维护正常的家庭生活做出的一个让步，也符合她豪斯夫人的形象，充满了常识性的德国价值观。她过着相当简朴的生活，践行路德教的美德——节俭、认真、诚实、真挚，至少据我们所知是这样。

安吉拉·默克尔很少和外国记者交谈。自2005年当选总理以来，她从未接受过英国媒体的广播采访，就连一些德国外交官也认为她不会说英语。2012年3月，我对她的助手说："正逢宗教改革500年，我正在拍摄一部路德教价值观与当今德国政坛相关性的纪录片，这标志着路德教价值观对德国人和默克尔夫人的重要性。"因为这段简短的对话，默克尔总理同意在柏林的总理府办公室和我见面。

在去见面的路上，我一直在思考她身上那些令人惊讶的矛盾。从政治层面来说，安吉拉·默克尔渴望成为一名优秀的欧洲人（这符合她的国家价值观）；在经济层面上，她是彻彻底底的

后记：时机就是一切

路德教徒，就连那些天主教徒、其他宗教教徒和无神论者都认同路德教的常识性价值，他们和默克尔都崇尚节俭、责任和良好品行；从原则上说，默克尔认为那些挥霍无度或因为金融风险赔钱的人不应该得到别人的救助，这就是为什么她在处理欧元危机的问题上会陷入严重困境的原因。默克尔这一代人成长在被希特勒摧毁和被斯大林分裂的德国，她知道秘密警察的可怕。从某些方面来说，安吉拉·默克尔的个人故事意味着她是这个时代最完美的德国领导者，她能清晰地讲述现在的德国人想听的、关于他们过去的困境和21世纪的未来角色的政治故事。

自1945年以来，德国的外交政策指导原则一直是与邻国"零摩擦"，这表明他们不愿被视作专横跋扈的人。但金融危机过后，欧洲迫切需要领导者，虽然德语中的"领导者"一词对很多人来说太难了，它是一个F开头的词——**Führerschaf**。历史学家迈克尔·斯图默尔说："即使在新世纪，摧毁德国人意志的希特勒的影子仍无处不在。"

这必然会产生一些疑问，21世纪的德国能提供何种领导力、德国人需要什么样的领导者以及什么领导力故事适合这些困难时期。默克尔完全理解这一点，在某种程度上，她以稳定、共识构建的风格在困境中领导德国。

我在柏林超现代化的总理府见到了安吉拉·默克尔，总理府是一座宏伟的建筑，有许多巨大的窗户，能俯瞰施普雷河和历史悠久的国会大厦，展现了讲故事需要具备的每一个特征——开始塑造一个新德国适应21世纪欧洲精神的新故事。默克尔欢迎我的方式普通而务实，她的一口英语十分流利，虽然她很少接受外国记者的采访。（她说英语也打破了我的预期，默克尔在采访和公开活动中通常说德语，我的德国朋友们根本不知道她会说英语。）

安吉拉·默克尔描绘了一幅更友善、更温和的德国蓝图。她的时机把握在于21世纪德国的领导力故事必须和过去不同，相互联系、相互依存、共享价值和自由，以欧洲原则而不是德国原则作为老对手之间的共同基础。这种低调的讲故事风格非常符合默克尔平凡的昵称——"妈妈"。

所以，我在这里简短讲述克林顿、代克和默克尔的故事以及本书中很多其他领导者的故事，是想表明成功的领导者是如何认识到他们讲述的故事或关于他们的故事必须要有所改变的。他们三人具备不同的领导者素质，但他们在吸引选民、创造并留住追随者方面的成功建立在一种最重要的能力上——讲述精彩故事这种不可或缺的能力。

致谢

我想感谢托比·伊迪事务所的每一个人,特别是从刚开始就一如既往地鼓舞我的托比·伊迪。杰米·科尔曼读了我的初稿,与我探讨了思想和结构,并提出了很好的建议。半面出版社的工作人员非常出色,丹尼尔·克鲁在提出建议和质疑观点方面特别细致,还温和地提醒我,在某种程度上,写书的乐趣(其实已经很多)就在于最后要写完。感谢潘妮·丹尼尔、露丝·希力克、妮亚芙·默里和瓦伦蒂娜·赞卡的热情帮助和建议。我还要感谢夏洛特·埃斯勒和詹姆斯·埃斯勒的帮助,他们做了一些研究并对书稿进行了详细地点评。

当然,我也要感想这些年里我见过的所有领导者及其助手,他们令我开心愉快,有时还会告诉我他们的精彩故事,这些故事通常都有事实根据。最重要的是,我要感谢安娜提供的建议、支持、评论和常识,以及她在认真审稿后给出的建议。

我对书中的一切错误和疏漏负责,我很乐意阅读发到邮箱里的评论,如果有建设性的话,我会在适当的时候加以修正。

领导者的秘密：16条经验教训

最后，我想总结一下从成功领导者身上获得的最突出、最有用的经验教训。我希望它们能让读者记住本书的观点，并帮助读者或领导者构建一个关于自己、组织或目标的故事，一个看起来符合时代的故事。

1. 吸引听众。无论你怎么做，只要去做就行。

2. 领导者讲述的领导力故事包括三部分："我是谁""我们是谁"和"我们的共同目标是什么"，你必须学会充分回答"我是谁"这个问题，否则其他两部分就没有意义。

3. 记住"耳虫"。每个成功领导者都会创造一个令人难忘的方式简洁地回应"我是谁"的领导力故事。想一想你期望和你的名字连在一起的头版头条，或者想一想适合刻在你墓碑上的碑文。

4. 明星时刻。让他们永远记住一些事，想一想比尔·盖茨在对满室潜在捐赠者谈论疟疾时打开的那个装满蚊子的罐子。

5. 争取保持5分状态。记住演员的技巧，人们希望你平等地交谈，即"就像他们一样"，而不是10分状态的居高临下，或是1分状态的低声下气。

6.不要太过渴望改变，以免贻笑大方。尽一切办法告诉人们你的思想是如何进步的，但要在尊重过去的前提下谨慎地说明改变，包括你自己的改变。

7.黄金法则：目标、策略、战术。如果你按优先级排列，它能帮你想清楚要讲述的故事内容。

8.真实比真相更重要。诚实仍然是最佳策略，如果你说真话，你无须记住其他事情，但一个听起来真实的故事会得到人们的信任，即使有些细节经过修饰，很多领导者的自传就是如此。

9.幽默有用。从北爱尔兰共和军领导者到巴拉克·奥巴马都因幽默而富有人性化。

10.威吓有用。我们的老板都会散发威吓的气息，只要别太过，它就能够调动员工的积极性。美国国务卿詹姆斯·贝克三世曾经谈及伊拉克入侵科威特后美国对萨达姆·侯赛因的政策："我们制定了胡萝卜加大棒的政策。如果他接受胡萝卜就不会遭遇大棒。"这样的幽默与威吓是一种让人特别难忘的讲故事策略。

11.永远要反击你的对立故事。如果你不捍卫自己的名誉，那谁会呢？

12.付诸实践，不要只是纸上谈兵。没有什么比发现你的行为方式和你讲述的故事不符更让人们恼火的了。在戏剧里，这叫戏剧性反讽，但在现实生活里，这叫虚伪。

13. 在你的故事里加入知错能改。为新时代重写故事，必要时为过去道歉。比尔·克林顿以此发迹，格里戈·代克以此重振英国广播公司，安吉拉·默克尔以此重塑德国的形象。

14. 比起政策人们更理解个性。这就是为什么讲得好的琐碎小事总比讲得差的深刻故事要好。

15. 重复你自己。讲述你的故事，一遍、两遍、三遍。把"耳虫"和"明星时刻"灌输到听众的脑子里，无限循环。

16. 故事最重要。我们都讲故事，也都听故事，人们会牢记你讲的故事和关于你的故事。他们通过别人的看法定义你是谁，无论好坏。唯一能确保人们牢记和你有关的最佳故事，是你自己。

祝你好运！